邮票上的新中国

刘大有

主编

中国言实出版社

邮票上的新中国

序

　　1949 年 10 月 1 日，中华人民共和国的成立彻底改变了近代以后 100 多年中国积贫积弱、受人欺凌的悲惨命运，中华民族走上了实现伟大复兴的壮阔道路。70 年来，全国各族人民同心同德、艰苦奋斗，取得了令世界刮目相看的伟大成就。为庆祝新中国成立 70 周年，中国言实出版社组织出版《邮票上的新中国》一书，通过邮票，系统反映中国共产党领导全国人民，探索、开创、坚持和发展中国特色社会主义 70 年的伟大历程。本书以时间为脉络，选取相关题材邮票，图文并茂、生动形象地展现了新中国成立 70 年走过的壮丽征程。

　　邮票的题材，涵盖了新中国成立 70 年来在经济建设、政治建设、文化建设、社会建设、生态文明建设，以及国防和军队建设、"一国两制"和祖国统一、外交、党的建设等各方面取得的辉煌成就。本书特别为选用的邮票编制了主题索引，便于读者按图索骥，编组邮集，从中受到教育，分享乐趣。

　　参加本书编写的集邮协会会员，以他们多年来投入集邮活动，特别是集邮书刊编写工作的经验，数易其稿，与出版社通力合作，力求把最精美的画面呈现给读者，在此，对他们付出的辛勤劳动表示衷心的感谢。另外，诚挚感谢刘志新先生对本书内容的专业指导。

　　我十分荣幸地向集邮爱好者和社会各界推荐本书。相信大家将从中得到启发，受到教益。让我们紧密团结在以习近平同志为核心的党中央周围，不忘初心、牢记使命，锐意进取、开拓创新，沿着中国特色社会主义道路，为实现"两个一百年"奋斗目标、实现中华民族伟大复兴的中国梦，不懈奋斗，续写新篇章。

中华全国集邮联合会会长　杨利民

2019 年 12 月

中国邮政CHINA
1.20元
EXPO 2010 SHANGHAI CHINA
中国2010年上海世博会开幕纪念
全国工业学大庆会议
中国人民邮政
8分
80分
30分

目录
CONTENTS

目录
CONTENTS

目录
CONTENTS

目录
CONTENTS

目录
CONTENTS

目录
CONTENTS

目录
CONTENTS

目录
CONTENTS

目录
CONTENTS

目录
CONTENTS

目录
CONTENTS

目录
CONTENTS

目录
CONTENTS

目录
CONTENTS

目录
CONTENTS

目录
CONTENTS

目录
CONTENTS

目录
CONTENTS

2019 年

附录

1949年

一、中国人民政治协商会议第一届全体会议

　　1949 年 9 月 21 日至 30 日，中国人民政治协商会议第一届全体会议在北平中南海怀仁堂召开。这是一次由中国共产党发起并领导的，各民主党派、无党派民主人士和人民团体代表参加的，协商成立中华人民共和国有关事宜的会议。出席会议的各界代表有 662 人。会议通过了《中国人民政治协商会议共同纲领》；通过北平为中华人民共和国首都并改名为北京，采用公元纪年，以《义勇军进行曲》为代国歌，国旗为五星红旗的议案。

　　会议选举出中央人民政府委员会，毛泽东当选为中央人民政府主席，朱德、刘少奇、宋庆龄、李济深、张澜、高岗当选为副主席，陈毅等 56 人当选为委员。

北京天安门

纪 1《庆祝中国人民政治协商会议第一届全体会议》1949.10.8 发行

中华人民共和国国旗

纪 6《中华人民共和国开国一周年纪念》1950.10.1 发行

聂耳与《义勇军进行曲》

J.75《人民音乐家聂耳诞生七十周年》1982.2.15 发行

二、中华人民共和国成立

1949 年 10 月 1 日下午 3 时，毛泽东主席登上天安门城楼，向全世界庄严宣布："中华人民共和国中央人民政府今天成立了！"当天，天安门前举行了盛大的阅兵式等庆祝活动，首都人民沉浸在狂欢的气氛中，狂欢的浪潮扩展到全国各地。

中华人民共和国的成立，标志着 100 多年来殖民主义、帝国主义同封建统治者勾结起来奴役中国人民的历史和内外战乱频仍、国家四分五裂的历史从此结束；中国人民从此站了起来，成为新国家、新社会的主人；开启了中华民族伟大复兴的历史新纪元。这是马克思主义在中国的伟大胜利，是马克思主义的基本原理同中国革命具体实践相结合的毛泽东思想的伟大胜利。

开国典礼阅兵情景

纪 4《中华人民共和国开国纪念》1950.7.1 发行

开国大典

纪 71《中华人民共和国成立十周年（第五组）》1959.10.1 发行

三、新中国外交局面的打开

　　1949 年 10 月 2 日，苏联政府决定同中华人民共和国建立外交关系。此后至 1950 年 1 月，新中国又先后与保加利亚、罗马尼亚、匈牙利、朝鲜、捷克斯洛伐克、波兰、蒙古、德意志民主共和国、阿尔巴尼亚和越南等 10 个人民民主国家建立外交关系。至 1951 年底，新中国还与缅甸、印度、巴基斯坦、印度尼西亚 4 个亚洲民族独立国家，以及瑞典、丹麦、瑞士、列支敦士登、芬兰等欧洲资本主义国家建立外交关系。

长江·朝天门长江大桥
伏尔加河·萨拉托夫大桥
2019-24《中俄建交七十周年》
2019.10.2 发行

四、中国人民政治协商会议第一届全国委员会第一次会议

　　1949 年 10 月 9 日，中国人民政治协商会议第一届全国委员会
第一次会议在北京召开。会议选举毛泽东为政协第一届全国委员会
主席，周恩来、李济深、沈钧儒、郭沫若、陈叔通为副主席。

北京新华门和政协会徽
毛泽东像及政协会场
纪 2《中国人民政治协商会议纪念》1950.2.1 发行

五、毛泽东访问苏联和签订《中苏友好同盟互助条约》

　　1949 年 12 月 16 日，毛泽东主席抵达莫斯科，对苏联进行为期两个月的访问。这是新中国成立后的一次重大外交行动。1950 年 1 月 20 日，周恩来总理兼外交部部长率中国代表团抵达莫斯科，中苏双方就签订新约和有关协定举行正式谈判。经双方多次正式谈判，反复交换意见，达成一致。

　　1950 年 2 月 14 日，中苏两国政府签订了《中苏友好同盟互助条约》和其他协定。

中苏友谊
纪 8《中苏友好同盟互助条约
签订纪念》1950.12.1 发行

伟大的友谊
纪 32《中苏友好同盟互助条约签订
五周年纪念》1955.7.25 发行

*1950*年

一、抗美援朝　保家卫国

　　1950 年 6 月 25 日，中国近邻的朝鲜半岛爆发大规模战争。美国立即进行武装干涉，同时令其海军第七舰队侵入台湾海峡，公然干涉中国内政，阻挠中国统一大业。美国操纵联合国安理会通过决议，组成以美军为主的"联合国军"。美军无视中国政府一再警告，悍然越过三八线（北纬 38°线），直逼中朝边境的鸭绿江和图们江，直接威胁新中国的国家安全。10 月上半月，中共中央经多次、反复讨论，作出抗美援朝、保家卫国的战略决策，组建以彭德怀为司令员兼政治委员的中国人民志愿军。10 月 18 日晚毛泽东向志愿军下达入朝作战命令，19 日中国人民志愿军入朝作战。全国掀起了大规模的抗美援朝运动，积极增产节约，捐款购买战斗机，支援前线。1953 年 7 月 27 日，《朝鲜停战协定》签订。在历时 2 年 9 个月的朝鲜战争中，志愿军共毙、伤、俘敌 71 万余人，把侵略者打回到三八线以南。中国的国际地位空前提高，帝国主义从此不敢轻易欺侮和侵犯中国。

志愿军出国作战、支援前线、涉江追击敌人、胜利会师
纪 19《中国人民志愿军出国作战二周年纪念》1952.11.15 发行

并肩作战、依依惜别、胜利归来
纪 57《中国人民志愿军出国凯旋归国纪念》1958.11.20 发行

二、《中华人民共和国土地改革法》公布施行

　　1950 年 6 月 30 日，《中华人民共和国土地改革法》公布施行，明确指出土地改革的目的是废除地主阶级封建剥削的土地所有制，实行农民的土地所有制，借以解放农村生产力，发展农业生产，为新中国的工业化开辟了道路。

农民分得土地，领到土地证书，走向生产
特 2《土地改革》1952.1.1 发行

三、治理淮河

1950 年，淮河流域暴发特大洪水，造成严重水灾。10 月 14 日，政务院发布《关于治理淮河的决定》。关于治理淮河的方针，应蓄泄兼筹，以达根治之目的。上游应筹建水库，普遍推行水土保持，以拦蓄洪水发展水利为长远目标，目前则应一方面尽量利用山谷及洼地拦蓄洪水，一方面在照顾中下游的原则下，进行适当的防洪与疏浚。中游蓄泄并重，按照最大洪水来量，一方面利用湖泊洼地，拦蓄干支洪水，一方面整理河槽，承泄拦蓄以外的全部洪水。下游开辟入海水道，以利宣泄，同时巩固运河堤防，以策安全。洪泽湖仍作为中下游调节水量之用。

1951 年毛泽东为治淮委员会亲笔题词："一定要把淮河修好。"

1957 年冬，治淮工程初见成效。

淮河水闸
特 5《伟大的祖国——建设（第二组）》1952.10.1 发行

水利
特 13《努力完成第一个五年建设计划》1955.12.15 发行

1951年

一、和平解放西藏

　　1951 年 5 月 23 日，中央人民政府和西藏地方政府在北京签订《关于和平解放西藏办法的协议》（"十七条协议"），宣告西藏和平解放。10 月 26 日，人民解放军进藏部队进驻拉萨。又先后进入日喀则、江孜等国防重镇，结束了西藏长期有边无防的历史，粉碎了帝国主义及西藏少数分裂分子制造"西藏独立"的图谋，实现了祖国大陆的统一。西藏的和平解放是西藏地方从分离走向团结，从落后走向进步的重要转折点。这是中国共产党民族政策的一个重大胜利。

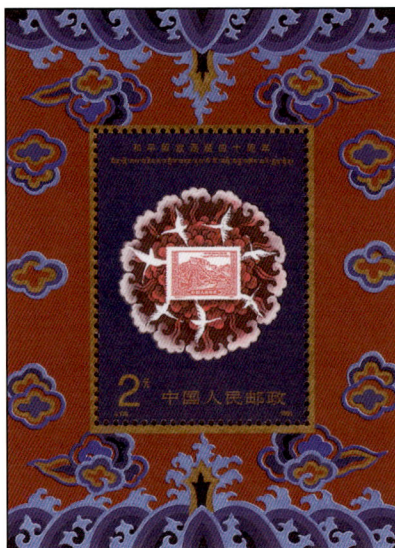

和平解放西藏四十周年

J.176M《和平解放西藏四十周年》小型张 1991.5.23 发行

西藏拉萨布达拉宫、西藏农民用牦牛生产

纪 13《和平解放西藏》1952.3.15 发行

歌舞、金桥

J.176《和平解放西藏四十周年》1991.5.23 发行

二、中国共产党成立三十周年

1951 年是中国共产党成立三十周年。1951 年 7 月 1 日，中国人民邮政发行《中国共产党卅周年纪念》邮票全套 3 枚。该邮票是新中国第一套中国共产党建设邮票。

毛泽东主席像

纪 9《中国共产党卅周年纪念》1951.7.1 发行

三、《毛泽东选集》出版

1951 年 10 月 12 日，《毛泽东选集》第一卷由人民出版社出版。各中央局发出通知，号召在干部中组织学习《毛泽东选集》。社会兴起了学习毛泽东著作、学习中国共产党历史的热潮。

《毛泽东选集》第二卷至第五卷分别在 1952 年 4 月、1953 年 4 月、1960 年 9 月、1977 年 4 月陆续出版。

努力学习毛泽东思想

纪 123《毛主席的好战士——刘英俊》1967.3.25 发行

1952年

一、毛泽东题词 "发展体育运动　增强人民体质"

　　1952年6月20日，中华全国体育总会召开成立大会。6月10日，毛泽东为该会成立题词："发展体育运动　增强人民体质"。同日，中国人民邮政发行《广播体操》特种邮票。广播体操以改善人民健康状况，增强体质，严明纪律，提高工作效率为目的。建设健康中国，离不开全民健身。在我国，广播体操是参与人数最多、影响最广的健身方式之一。邮票图案选取每节广播体操最主要的4个动作姿势，按四方连的形式排列，成为连续图解。《广播体操》邮票共40枚，是当时枚数最多的大套邮票。

发展体育运动　增强人民体质
J.6《中华人民共和国第三届
运动会》1975.9.12发行

第一节：下肢运动
第二节：四肢运动

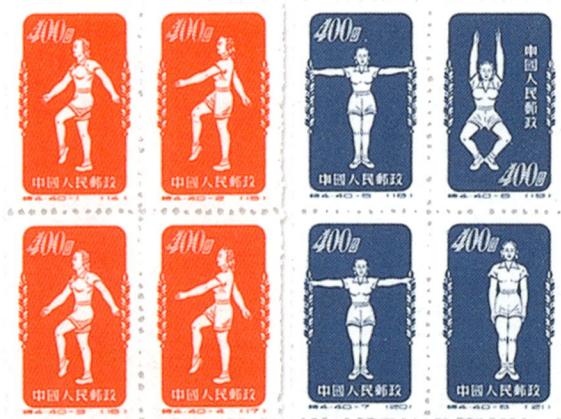

第三节：胸部运动
第四节：体侧运动

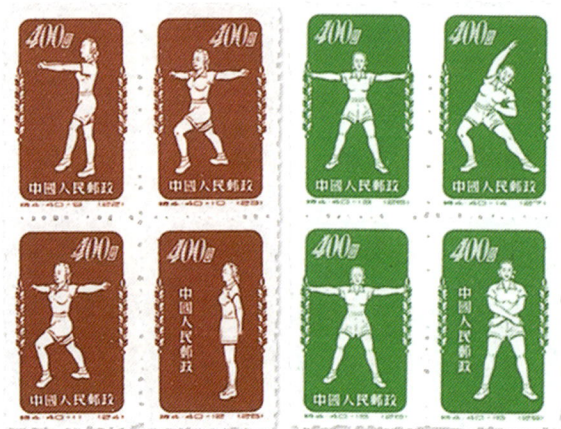

第五节：转体运动
第六节：腹背运动

第七节：平衡运动
第八节：跳跃运动

第九节：整理运动
第十节：呼吸运动

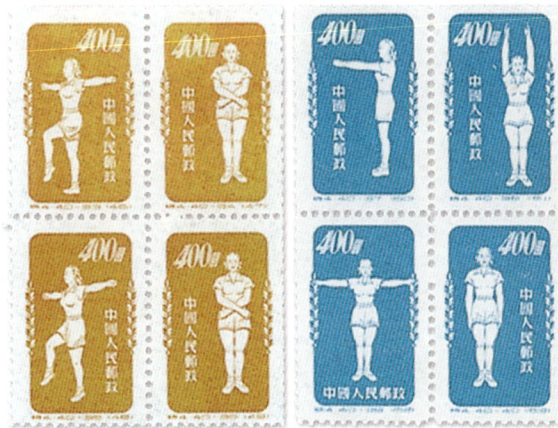

特4《广播体操》1952.6.20 发行

二、成渝铁路建成通车

　　1952 年 7 月 1 日，成渝铁路（成都—重庆）建成通车，全长 505 公里，共有车站 60 个。成渝铁路自成都站经简阳、资阳、内江、永川向南，到朱杨溪站后，沿长江北岸在白沙站返向东北，抵达重庆站。该铁路为清朝末年筹备修建的川汉铁路的一段，拖了近半个世纪，未铺上一根钢轨。新中国成立后，党和政府在极其艰难的条件下决定兴建成渝铁路，1950 年 6 月全线开工。这是新中国成立后建成的第一条铁路干线，在中国铁路发展史上具有极其重要的意义。1987 年 12 月，成渝铁路实现全线电气化。

　　新建的成渝高速铁路于 2010 年 3 月 22 日动工建设，2015 年 12 月 26 日竣工运营。全长 308 千米，共有 12 座车站。

成渝铁路
特 5《伟大的祖国——建设（第二组）》1952.10.1 发行

1953年

一、第一个五年计划开始实施

为准备进行有计划的经济建设，我国从1951年就着手编制发展国民经济的第一个五年计划。1953年一面开始实施，一面继续讨论修改，到1954年9月形成草案。"一五"计划确定的经济建设指导方针，突出了集中主要力量发展重工业，建立国家工业化和国防现代化初步基础的核心要点，同时要求相应地发展交通运输业、轻工业、农业和商业；相应地培养建设人才；保证国民经济中社会主义成分的比重稳步增长；保证在发展生产的基础上逐步提高人民物质生活和文化生活水平等。"一五"计划草案，1955年3月经中国共产党全国代表会议讨论同意，7月经一届全国人大二次会议正式审议通过。它是全国人民为实现过渡时期总任务而奋斗的带有决定意义的纲领性文件，是和平的经济建设和文化建设的计划。

冶金、电力、煤矿
石油、机器制造业、国防

纺织工业、讨论计划、农业

畜牧、水利、手工业

商业、交通运输、地质勘探

高等教育、和平生活、工人疗养

特13《努力完成第一个五年建设计划》1955.10.1 发行

二、中苏两国签订苏联援助中国发展国民经济的协定

1953 年 5 月 15 日，中苏两国政府签订《关于苏维埃社会主义共和国联盟政府援助中华人民共和国中央人民政府发展中国国民经济的协定》，规定苏联援助中国新建和改建 91 个工业项目。加上 1950 年已确定援建的 50 个项目和 1954 年 10 月又增加的 15 个项目，由此形成了我国"一五"时期苏联援助建设的"156 项重点工程"。"156 项重点工程"奠定了我国初步工业化的部门经济基础。以这些项目为核心，以 900 余个限额以上大中型项目配套为重点，我国初步建起了工业经济体系。1960 年 7 月 16 日，苏联政府突然照会中国政府，决定到 1960 年 9 月 1 日撤走全部在华苏联专家，单方面撕毁对华援助合同。截至 1960 年底，"156 项重点工程"实际施工 150 项，其中建成 133 项，17 项在建设中。

学习苏联先进经验，为我们祖国的工业化而奋斗

纪 32《中苏友好同盟互助条约签订五周年纪念》1955.7.25 发行

三、阜新海州露天煤矿建成投产

1953 年 7 月 1 日，新中国第一座大型露天煤矿——阜新海州露天煤矿建成投产。1954 年 5 月 1 日，中国人民邮政发行包括阜新露天煤矿在内的《经济建设》特种邮票全套 8 枚。包括：鞍山钢铁公司第 7 号自动化炼铁炉、辽宁沈阳第一重型机器厂、黑龙江富拉尔基东北自动化发电厂、天兰铁路（天水—兰州）、辽宁阜新海州露天煤矿、天津塘沽新港、哈尔滨亚麻纺织厂、勘察地下宝藏。

自动化炼铁炉、阜新露天煤矿、重型机器厂、东北自动化发电厂
天兰铁路、塘沽新港、哈尔滨亚麻纺织厂、勘察地下宝藏

特 8《经济建设》1954.5.1 发行

四、鞍山钢铁公司三大工程投产

  1953 年 12 月 26 日，鞍山钢铁公司三大工程——无缝钢管厂、大型轧钢厂、七号炼铁炉（邮票见前页）举行开工生产典礼。这是我国重工业建设中首批竣工投入生产的重要工程，大大加强了以鞍钢为中心的东北钢铁基地，对我国社会主义工业化起步具有重要意义。

  直到 1978 年底，武汉钢铁联合企业、包头钢铁公司、攀枝花钢铁公司等钢铁企业陆续建成。

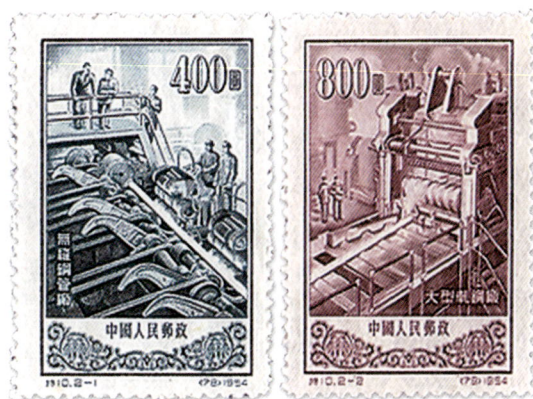

无缝钢管厂、大型轧钢厂

特 10《无缝钢管厂及大型轧钢厂》1954.10.1 发行

*1954*年

一、纪念列宁逝世三十周年

列宁，1870 年 4 月 22 日生于西姆比尔斯克城，原名弗拉基米尔·伊里奇·乌里扬诺夫（曾被译为乌·伊·列宁）。列宁是著名的马克思主义者，无产阶级革命家、政治家、理论家、思想家，是世界上第一个社会主义国家俄罗斯苏维埃联邦社会主义共和国和苏联的主要缔造者、布尔什维克党的创始人、十月革命的主要领导人、苏联人民委员会主席。列宁继承了马克思主义，并与俄国革命相结合形成列宁主义，被全世界的共产主义者普遍认同为"国际无产阶级革命的伟大导师和精神领袖"。

1954 年 6 月 30 日，是列宁逝世三十周年纪念日。中国人民邮政为此发行纪念邮票。

列宁画像

全部政权归苏维埃

列宁和斯大林在哥尔克

纪 26《乌·伊·列宁逝世三十周年纪念》1954.6.30 发行

二、一届全国人大一次会议

　　1954 年 9 月 15 日至 28 日，一届全国人大一次会议在北京举行。大会通过了《中华人民共和国宪法》。大会通过了全国人民代表大会、国务院、人民法院、人民检察院等组织法；按照《宪法》规定，全国人民代表大会是中华人民共和国的最高权力机关；国务院（原政务院改名为国务院）即中央人民政府，是最高国家权力机关的执行机关，是最高国家行政机关。

　　大会选举毛泽东为中华人民共和国主席，朱德为副主席；刘少奇为全国人民代表大会常务委员会委员长，宋庆龄等 13 人为副委员长；决定周恩来为国务院总理。

普选

全国人民代表大会
纪 29《中华人民共和国第一届全国人民代表大会》
1954.12.30 发行

宪法
纪 30《中华人民共和国宪法》
1954.12.30 发行

三、中国人民解放军新疆军区生产建设兵团成立

1954 年 10 月 7 日，中国人民解放军新疆军区生产建设兵团成立，接受新疆军区和中共中央新疆分局双重领导。其使命是劳武结合、屯垦戍边。兵团由此开始正规化国营农牧团场的建设，并正式纳入国家计划。

1975 年 3 月，兵团撤销，成立新疆维吾尔自治区农垦总局。1981 年 12 月 3 日，中共中央、国务院、中央军委作出《关于恢复新疆生产建设兵团的决定》。

艰苦创业、屯垦戍边、再创辉煌
2014-24《新疆生产建设兵团成立六十周年》2014.10.7 发行

四、康藏、青藏公路全线通车

　　1954 年 12 月 25 日，康藏公路（四川、西康两省交界的金鸡关至拉萨）与青藏公路（西宁至拉萨）同时全线通车，分别长 2271 公里和 1937 公里（后因行政区域重新划分，康藏公路改名为川藏公路）。川藏、青藏公路的通车，结束了西藏没有现代公路的历史，改变了西藏原始的交通运输方式，开创了西藏现代交通运输事业的新纪元。川藏、青藏公路是民族团结之路、西藏文明进步之路，也是西藏人民富裕之路。

康藏公路上的大渡河钢索吊桥

川藏公路、青藏公路

2019-18《川藏青藏公路建成通车六十五周年》

2019.8.10 发行

康藏、青藏公路

庆祝公路通车

特 14《康藏、青藏公路》1956.3.30 发行

1955年

一、新人民币和新币面值邮票发行

1955 年 2 月 21 日,国务院发布《关于发行新的人民币和收回现行的人民币的命令》。自 3 月 1 日起,中国人民银行发行新人民币,以新币 1 元等于旧币 1 万元的折合比率收回旧人民币。同年 6 月 25 日,中国人民邮政发行新中国第一枚新币面值邮票——《中国红十字会成立五十周年纪念》。

男女工人来学习卫生常识,参加急救训练,积极为生产建设服务

纪 31《中国红十字会成立五十周年纪念》1955.6.25 发行

二、中国代表团出席万隆亚非会议

　　1955 年 4 月 18 日至 24 日，周恩来率中国代表团出席在印度尼西亚万隆举行的有 29 个国家参加的亚非会议。这是第一次由亚非国家发起和参加的大型国际会议。中国代表团本着求同存异的方针，同其他与会国家一起，为会议的成功作出了贡献。通过这次会议，新中国打开了与亚非国家普遍交往的大门。会议于 24 日通过了《亚非会议最后公报》，提出了各国和平相处和友好合作的十项原则。万隆会议十项原则是和平共处五项原则的引申和发展。

万隆会议会场外景、亚非人民欢庆团结

纪 110《万隆会议十周年》1965.4.18 发行

三、中国人民解放军实行军衔制度

  1955 年，根据《中华人民共和国宪法》《中华人民共和国兵役法》《中国人民解放军军官服役条例》《中国人民解放军薪金、津贴暂行办法》，全军先后实行薪金制、军衔制和义务兵役制。9 月 27 日，授予元帅军衔及勋章典礼隆重举行。朱德、彭德怀、林彪、刘伯承、贺龙、陈毅、罗荣桓、徐向前、聂荣臻、叶剑英被授予中华人民共和国元帅军衔，毛泽东亲自为元帅授勋。同日，国务院举行授予将官军衔和勋章典礼。首次授衔，共授元帅 10 名、大将 10 名、上将 55 名、中将 175 名、少将 800 名。加上补授和晋升，到 1965 年取消军衔制度止，共授上将 57 名、中将 177 名、少将 1360 名。

朱德

J.134《朱德同志诞生一百
周年》1986.12.1 发行

彭德怀

J.155《彭德怀同志诞生九十周年》
1988.10.24 发行

刘伯承

1992-18《刘伯承同志诞生一百周年》
1992.12.4 发行

贺龙

J.126《贺龙同志诞生九十周年》
1986.3.22 发行

陈毅

 J.181《陈毅同志诞生九十周
年》1991.8.26 发行

罗荣桓

1992-17《罗荣桓同志诞生九十周年》
1992.11.26 发行

徐向前

J.184《徐向前同志诞生九十周年》
1991.11.8 发行

聂荣臻

1999-19《聂荣臻同志诞生
一百周年》1999.12.29 发行

叶剑英

J.138《叶剑英同志诞生九十
周年》1987.4.28 发行

粟裕、徐海东、黄克诚、陈赓、谭政
萧劲光、张云逸、罗瑞卿、王树声、许光达
2005-20《中国人民解放军大将》2005.9.27 发行

四、新疆维吾尔自治区成立

　　1955年9月20日至30日，新疆省一届人大二次会议在乌鲁木齐举行。会议通过了《坚决拥护中国共产党中央委员会和中央人民政府代表董必武指示的决议》《坚决拥护〈全国人民代表大会常务委员会第二十一次会议关于成立新疆维吾尔自治区，撤销新疆省建制的决议〉的决议》《中华人民共和国新疆维吾尔自治区各级人民代表大会和各级人民委员会组织条例（草案）》等重要文件；选举产生了新疆维吾尔自治区人民委员会组成人员以及37名委员。

　　同年10月1日，乌鲁木齐各族各界6万多人在人民广场隆重集会，庆祝中华人民共和国成立六周年和新疆维吾尔自治区成立。

戈壁绿洲、油田和天池、天山牧场

J.119《新疆维吾尔自治区成立三十周年》1985.10.1 发行

迎新曲、欢乐颂、丰收歌

2005-21《新疆维吾尔自治区成立五十周年》2005.10.1 发行

繁荣昌盛、美丽家园、团结和谐

2015-25《新疆维吾尔自治区成立六十周年》2015.10.1 发行

五、农业合作化

　　1953 年 12 月 16 日，中共中央通过《关于发展农业生产合作社的决议》。农业生产合作社从试办阶段进入发展阶段。

入社、耕种、造林、丰收

特 20《农业合作化》1957.12.30 发行

1956年

一、"百花齐放、百家争鸣"

1956年4月，中共中央确定"百花齐放、百家争鸣"作为发展科学文化事业的指导方针。

文艺为工农兵服务

百花齐放、百家争鸣

纪81《中国文学艺术工作者第三次代表大会》1960.7.30 发行

二、第一汽车制造厂"解放"牌汽车出厂

　　1956 年 7 月 13 日，长春第一汽车制造厂试制成功第一批国产"解放"牌载重汽车。1958 年 5 月、8 月，第一辆国产"东风"牌轿车和"红旗"牌轿车相继诞生。经过 60 多年的发展，中国一汽已成为年产销 300 万辆级的国有大型汽车企业集团。

厂房外景、总装配线车间

纪 40《我国自制汽车出厂纪念》1957.5.1 发行

红旗轿车、解放轻型载货汽车

1996-16《中国汽车》1996.7.15 发行

三、中国共产党第八次全国代表大会

1956 年 9 月 15 日至 27 日，中国共产党第八次全国代表大会在北京召开。大会通过了《中国共产党章程（修正案）》。

9 月 28 日，中共八届一中全会选举毛泽东为中央委员会主席，刘少奇、周恩来、朱德、陈云为副主席，邓小平为总书记。上述 6 人组成中央政治局常务委员会。

天安门、齿轮和农作物

纪 37《中国共产党第八次全国代表大会》1956.11.10 发行

1957年

一、中国出口商品交易会

1957 年 4 月 25 日，第一届中国出口商品交易会在广州中苏友好大厦举行（简称"广交会"），以后每年在广州举办春、秋季两次出口商品交易会。广交会是中国目前历史最长、层次最高、规模最大、商品种类最全、到会采购商最多且分布国别地区最广、成交效果最好的综合性国际贸易盛会，被誉为"中国第一展"。自 2007 年 4 月第 101 届起，广交会更名为中国进出口商品交易会，由单一出口平台变为进出口双向交易平台，是中国对外开放的窗口、缩影和标志。

两套邮票分别是广交会举办地海珠广场展馆和流花路展馆。目前，广交会在位于琶洲岛的新展馆举办。

中国出口商品交易会大楼

编 95《中国出口商品交易会》1973.10.15 发行

中国出口商品交易会（新馆）

T.6《中国出口商品交易会》1974.10.15 发行

二、中国科学院科学奖金授奖

1957 年 5 月 30 日，中国科学院举行 1956 年度科学奖金（自然科学部分）授奖仪式。华罗庚的典型域上的多元复变数函数论、吴文俊的示性类及示嵌类的研究、钱学森的工程控制论获一等奖。

1949 年 11 月 1 日中国科学院成立。1954 年 3 月，中央确立建设以中国科学院为中心的国家科技体系。1955 年 6 月，中国科学院建立了数理化学部、生物学地学部、技术科学部、哲学社会科学部等 4 个学部，聘任第一批 233 位学部委员。同年 8 月 31 日，国务院发布《中国科学院科学奖金暂行条例》。这是新中国对自然科学和社会科学理论研究工作给予奖励的第一个条例。

华罗庚

J.149《中国现代科学家（第一组）》1988.4.28 发行

钱学森

2011–14《中国现代科学家（第五组）》2011.5.25 发行

三、玉门油矿基本建成

1957 年 10 月 8 日，新中国第一个天然石油基地玉门油矿基本建成。新中国第一口油井、第一个油田、第一个石化基地都在这里诞生。广大石油战线的职工发扬奋发图强、战天斗地的革命精神，经过几十年的艰苦努力，把"贫油国"的帽子抛进了太平洋。

石油工业

特 5《伟大的祖国（第二组）建设》1952.10.1 发行

四、武汉长江大桥建成通车

1957 年 10 月 15 日，武汉长江大桥建成通车。它是中华人民共和国成立后修建的第一座公铁两用的长江大桥，是武汉市标志性建筑之一，被誉为"万里长江第一桥"。武汉长江大桥于 1955 年 9 月 1 日动工兴建。主桥全长 1156 米，上层双向四车道公路桥长 1670 米，设计速度 100 千米 / 小时。下层双线铁路桥长 1315 米，设计速度 160 千米 / 小时，京汉铁路和粤汉铁路从此贯通，使全长 2302 千米的京广铁路成为中国"南北大动脉"。

大桥（侧景）、大桥（鸟瞰）

纪 43《武汉长江大桥》1957.10.1 发行

五、第一个五年计划超额完成

1957 年底，第一个五年计划超额完成。"一五"计划是我国大规模现代经济建设的开端。以苏联援建的"156 项重点工程"为中心的工业建设，使我国的工业生产能力和技术水平前进了一大步。5 年间，工农业有较大幅度增长；各项事业获得较快发展；全国物价基本稳定，人民生活水平逐步提高；是新中国经济效益最好的时期之一。"一五"计划的完成，对中国工业化起步具有决定性作用，为社会主义建设积累了宝贵经验。

和平建设、工业和农业、交通运输

纪 45《胜利超额完成第一个五年计划》1958.1.30 发行

1958年

一、广西壮族自治区成立

　　1949年11月7日，人民解放军发起解放广西战役，于1949年12月11日将红旗插上镇南关，广西全境解放。1950年2月，广西省人民政府在南宁成立。此后的几年里，广西全省匪患消除，社会秩序全面恢复，国民经济恢复任务完成，社会风貌得到根本改变。

　　1958年3月，广西僮族自治区成立（1965年10月改称广西壮族自治区），广西进入民族团结进步、经济社会快速发展的新的历史时期。1978年起，广西壮族自治区成立纪念日被定为12月11日。

欢庆、工业、农业

J.33《广西壮族自治区成立二十周年》1978.12.11发行

欢歌、合作、发展

2008-26《广西壮族自治区成立五十周年》2008.10.18 发行

和谐家园、开放门户、生态福地

2018-29《广西壮族自治区成立六十周年》2018.10.18 发行

二、人民英雄纪念碑建成

1958年4月22日，人民英雄纪念碑在天安门广场建成。5月1日，首都50万人参加揭幕典礼。1949年9月，中国人民政治协商会议第一届全体会议提出修建人民英雄纪念碑并奠基。1952年动工兴建。人民英雄纪念碑碑身正面镌刻毛泽东主席题写的"人民英雄永垂不朽"8个金色大字；背面是毛泽东主席起草、周恩来总理题写的碑文。

2018年4月27日，十三届全国人大常委会二次会议通过《中华人民共和国英雄烈士保护法》，将每年9月30日定为烈士纪念日，在首都北京人民英雄纪念碑前举行纪念仪式，缅怀英雄烈士。

人民英雄纪念碑

纪 47.M《人民英雄纪念碑》小全张 1958.5.30 发行

三、党和国家领导人到十三陵水库工地义务劳动

1958 年 5 月 25 日，毛泽东、刘少奇、周恩来、朱德、邓小平与参加中共八大二次会议的中央委员及有关部门负责人到北京十三陵水库工地参加义务劳动。十三陵水库位于北京市昌平区，水库面积是颐和园昆明湖的 20 倍，总蓄水量为 6000 多万立方米。经过 60 多年的发展，十三陵水库已成为集防洪、水力发电、旅游观光、休闲度假及教育于一体的旅游胜地，是国家水利风景区、北京市爱国主义教育基地。

修建、全景

特 26《十三陵水库》1958.10.25 发行

四、我国第一座原子反应堆开始运转

1958 年 6 月，我国第一座 7000 千瓦重水实验性原子反应堆开始运转，同时建成回旋加速器。它的建成是中国开始跨入原子能时代的标志。9 月 27 日，第一座原子反应堆建成移交生产，同时移交使用的还有直径 1.2 米的回旋加速器，这标志中国进入原子能科学研究和应用阶段，促进了我国原子能科学技术迅速发展。10 月 1 日，原子反应堆生产出 33 种放射性同位素。

原子反应堆、回旋加速器

特 28《我国第一个原子反应堆和回旋加速器》1958.12.30 发行

五、全国农村建立人民公社

　　1958 年 8 月 17 日至 30 日，中共中央政治局在北戴河召开扩大会议，决定在全国农村普遍建立人民公社。此后，全国农村出现人民公社化运动高潮。

人民公社好、工、农、商
学、兵、食堂、托儿所
养老院、卫生保健、文娱生活、工农商学兵相结合
特 35《人民公社》1959.9.25 发行

六、我国第一座电视台正式开播

　　1958 年 9 月 2 日，我国第一座电视台——北京电视台正式开播。1973 年 10 月 1 日正式播出彩色电视节目。1978 年 5 月 1 日北京电视台改称中央电视台。2018 年 3 月，中央电视台（中国国际电视台）、中央人民广播电台、中国国际广播电台，合并组建为中央广播电视总台，由中共中央宣传部领导。

中央电视台

T.128《社会主义建设成就（第一组）》1988.9.2 发行

中国电视事业暨中央电视台创立五十周年

2008-21《中国电视事业暨中央电视台创立五十周年》
2008.9.2 发行

七、宁夏回族自治区成立

　　1958 年 10 月 24 日，宁夏回族自治区一届人大一次会议在银川市隆重开幕。根据 1957 年 7 月 15 日一届全国人大四次会议通过成立宁夏回族自治区的决议，以原宁夏省行政区域为基础成立宁夏回族自治区。会议选举宁夏回族自治区人民委员会组成人员；通过有关工作报告；制定自治区人民代表大会和人民委员会组织条例。10 月 25 日，大会选举产生了由 35 名委员组成的宁夏回族自治区人民委员会，宣告宁夏回族自治区正式成立，首府设于银川市。

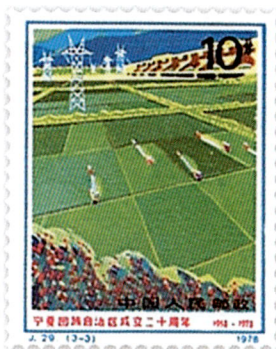

建设新宁夏、煤都新貌、塞北江南

J.29《宁夏回族自治区成立二十周年》1978.10.25 发行

风力发电、沙漠绿洲、和谐家园

2008–24《宁夏回族自治区成立五十周年》2008.9.23 发行

创新驱动、脱贫富民、生态立区

2018–26《宁夏回族自治区成立六十周年》2018.9.19 发行

1959年

一、西藏百万农奴翻身解放

　　1959年3月10日，西藏地方政府和上层反动集团撕毁关于和平解放西藏的"十七条协议"，发动武装叛乱。3月20日，人民解放军驻藏部队奉命进行平叛作战。22日，中共中央发出在平息叛乱中实行民主改革的指示。28日，国务院发布命令，解散西藏地方政府，由西藏自治区筹备委员会行使地方政府职权。1960年底，西藏民主改革基本完成，彻底摧毁了政教合一的封建农奴制度，百万农奴获得翻身解放。2009年1月19日，西藏自治区九届人大二次会议通过决议，决定每年3月28日为西藏百万农奴解放纪念日。

翻身曲、幸福从此扎下根（播种）、庆丰收
过去是奴隶今天是主人（民主生活）、幸福的一代
特47《西藏人民的新生》1961.11.25发行

二、中国第一次获得体育比赛世界冠军

　　1959 年 4 月 5 日，在德意志联邦共和国多特蒙德举行的第 25 届世界乒乓球锦标赛上，中国运动员容国团打败曾 7 次获得世界乒乓球男子单打冠军的匈牙利运动员西多，荣获男子单打冠军。这是中国运动员在世界锦标赛中获得的第一个体育比赛世界冠军。

乒乓球赛（蓝衣）

乒乓球赛（红衣）

纪 66《第 25 届世界乒乓球锦标赛》1959.8.30 发行

三、首都十大建筑建成

1959 年 8 月底，人民大会堂建成。它与同时期建成的民族文化宫、民族饭店、华侨大厦、北京火车站、北京工人体育场、中国革命历史博物馆、中国人民革命军事博物馆、钓鱼台国宾馆和全国农业展览馆并称为首都十大建筑。

人民大会堂前景、大礼堂

特 41《人民大会堂》1960.10.1 发行

民族文化宫

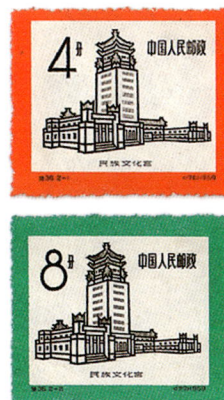

特 36《民族文化宫》1959.12.10 发行

车站正面全景、站台

特 42《北京铁路车站》1960.8.30 发行

北京工人体育场

J.165《1990 北京第 11 届亚洲运动会（第二组）》1989.12.15 发行

中国革命历史博物馆

普 13《北京建筑》1964.6.17 起发行

中国人民革命军事博物馆

特 45《中国人民革命军事博物馆》1961.8.1 发行

综合馆、气象馆、畜牧馆、水产馆

特 37《全国农业展览馆》1960.1.20 发行

四、第一届全国运动会

　　1959 年 9 月 13 日至 10 月 3 日，第一届全国运动会在北京举行。毛泽东、刘少奇、朱德、周恩来等党和国家领导人出席开幕式。参赛的有各省、市、自治区、中国人民解放军等 29 个单位 10658 人。比赛项目 36 项，表演项目 6 项。有 7 人 4 次打破世界纪录，664 人 884 次打破 106 项全国纪录。大会向新中国成立 10 年来打破世界纪录和获得世界冠军的 40 多名运动员颁发了体育荣誉奖章。

运动场、跳伞、射击、游泳
乒乓球、举重、跳高、划船
径赛、篮球、武术、摩托车
体操、自行车、赛马、足球

纪 72《第一届全国运动会》1959.12.28 发行

五、中华人民共和国成立十周年

　　1959 年 10 月 1 日，中华人民共和国成立十周年庆祝大典在北京隆重举行，毛泽东、刘少奇等党和国家领导人出席。天安门广场举行盛大的阅兵式和 70 万人的游行。中国人民邮政发行《中华人民共和国成立十周年》邮票。

钢铁、煤炭、机械制造、交通运输
农业、水利电力、纺织工业、化学工业
纪 69《中华人民共和国成立十周年》（第三组）1959.9.28 发行

举国欢庆
纪 70《中华人民共和国成立十周年》（第四组）1959.9.28 发行

六、中国少年先锋队建队十周年

1959 年 10 月 18 日，庆祝中国少年先锋队建队十周年大会在人民大会堂召开，提出少年先锋队的任务就是毛主席号召的好好学习，天天向上，并指出：第一应当学习知识，第二应当学习劳动，第三应当学习为人民服务的共产主义精神。

队徽、夏令营、学习
科学研究、植树、体育运动
纪 64《中国少年先锋队成立十周年》1959.11.10 发行

*1960*年

一、新安江水电站建成发电

　　1960 年 4 月，新安江水电站第一台机组开始正式并网发电，主要供应以上海、南京、杭州为中心的江南一带的建设用电。新安江源于皖南，流经浙江入钱塘江。新安江水库从淳安到建德长约 150 公里，最宽处达 10 余公里，面积 580 平方公里，蓄水量为 178 亿立方米。1957 年 4 月在建德（白沙）动工修建新安江水电站，计划 5 年，实际 3 年便已完工。这是新中国自行设计、建造的第一座大型水电站，全部设备均为国内自己制造、安装。新安江水电站的建成，显示出我国水电站建设的能力与水平，是新中国水电事业发展的重要标志。

大坝施工、安装、拦河大坝、送电
特 68《新安江水电站》1964.12.15 发行

二、中国登山队从北坡登顶珠穆朗玛峰

1960 年 5 月 25 日 4 时 20 分，中国登山队王富洲、贡布（藏族）、屈银华 3 人首次从北坡集体登上世界最高峰珠穆朗玛峰顶，人类第一次战胜珠峰北坡天险，从而使我国跃入世界登山运动的先进行列。

珠穆朗玛峰位于我国西藏定日县中国和尼泊尔边境处，是喜马拉雅山的主峰，是世界第一高峰。由于它高矗险峻、环境恶劣、气候多变，被称之为"地球第三极"。

中国登山队登上珠穆朗玛峰

特 70《中国登山运动》1965.5.25 发行

胸怀革命壮志勇攀世界高峰、美丽的珠穆朗玛峰、五星红旗再次飘扬在地球之巅

T.15《中国登山队再次登上珠穆朗玛峰》1975.9.26 发行

三、黄河三门峡水利枢纽工程建成蓄水

三门峡位于河南省三门峡市北，旧时在黄河河床中间有高兀的岩岛，将黄河水流分成三股激流，故称三门峡。三门峡水利枢纽是根治和开发黄河规划中的一座集防洪、发电、灌溉功能为一体的大型综合性工程。1957 年 4 月 13 日动工修建，1958 年 12 月 9 日截流，1960 年 9 月建成蓄水。枢纽工程混凝土重力坝高 106 米，坝顶长 713 米。截流后上游形成 35000 平方公里的三门峡水库，总库容水量 354 亿立方米，控制流域面积 68.4 万平方公里。

示意图

电力、航运、灌溉

特 19《治理黄河》1957.12.30 发行

三门峡水利枢纽

2002–12《黄河水利水电工程》2002.6.8 发行

四、新中国第一套动物题材邮票《金鱼》

中国是世界上最早养殖淡水鱼类的国家，从商朝开始已有 3000 年的历史。到唐代鲫鱼的养殖有很大的发展，宋朝以后观赏鱼开始盛行，并由池养逐渐转为盆养。金鱼是由鲫鱼演化而来的观赏鱼类，在长期的人工选育过程中，形成多姿多彩的形态，深受人们喜爱。

我国的金鱼大致可分为各鳍发达的"文种"、眼睛突出的"龙种"和无背鳍的"蛋种"。为宣传我国金鱼的名贵品种，中国人民邮政特发行《金鱼》特种邮票。该邮票被评为 1949—1979 年 30 年最佳邮票。

翻腮绒球、黑背龙睛、望天鱼、红帽子
水泡眼、红虎头、紫帽子、红头
珍珠鱼、蓝龙睛、花龙睛、红龙睛

特 38《金鱼》1960.6.1—1961.2.24 发行

五、新中国第一套名花题材邮票《菊花》

菊花为多年生草本植物花卉，原产中国，据记载已有 3000 多年的栽培历史。唐宋之际，菊花的品种已大为增加，色彩、形态多种多样。宋代的《菊谱》收集菊花名品已达百种以上。经过长期的人工栽培与选育，至今已经培育出几千个品种，并早已从原产地秦岭、伏牛山区遍及全国各地，远播世界。菊花不仅花型多样、色彩丰富，而且因为开在仲秋、傲雪凌霜，与梅、兰、竹并称为"四君子"，成为高尚人格与磊落情操的象征。为此，中国人民邮政特发行《菊花》特种邮票，邮票原图均为我国著名国画家所绘，深得人们喜爱。该邮票被评为 1949—1979 年 30 年最佳邮票。

黄十八、绿牡丹、二乔
大如意、如意金钩、金牡丹
帅旗、柳线、芙蓉托挂

玉盘托珠、赤金狮子、温玉
紫玉香珠、冰盘托挂、墨荷
班中玉笋、笑靥、天鹅舞

特44《菊花》1960.12.10—1961.2.24 发行

中国共产党成立四十周年

　　1961 年是中国共产党成立四十周年。中国人民邮政于 1961 年 7 月 1 日发行《中国共产党成立四十周年》邮票。

第一次党代会会址 、南昌 "八一" 大楼
瑞金中华苏维埃共和国临时中央政府旧址、延安宝塔山
北京天安门
纪 88《中国共产党成立四十周年》1961.7.1 发行

1962年

一、1.2 万吨自由锻造水压机研制成功

　　水压机是利用帕斯卡压力定律制成的液压机械，大型水压机是用于锻造冶金、化工、发电、机械等行业所需要的大型锻件。1962 年 6 月，1.2 万吨自由锻造水压机在上海研制成功，标志着我国重型机械制造的创新。从 1956 年开始，我国开始转入全面建设社会主义时期，逐步建立起我国工业化的基础，通过技术革新与技术革命运动，研制出许多工业新产品。如 1963 年制造的小模数齿轮磨床、1963 年研制成功的我国第一台 20 万伏的电子静电加速器、1964 年制造的双柱铣床、1965 年研制成功的 20 万倍电子显微镜等，代表了中国工业发展的新水平。1966 年 3 月 30 日，中国人民邮政发行了包括自由锻造水压机在内的《工业新产品》特种邮票。

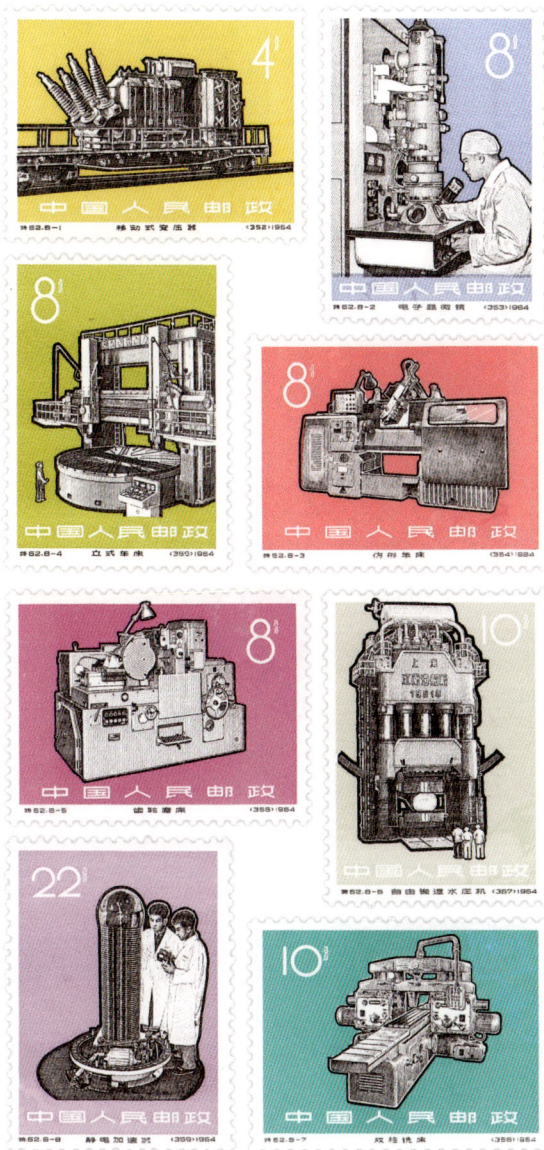

移动式变压器、电子显微镜
立式车床、仿形车床
齿轮磨床、自由锻造水压机
静电加速器、双柱铣床
特 62《工业新产品》1966.3.30 发行

二、纪念京剧表演艺术家梅兰芳

梅兰芳是我国著名的京剧表演艺术家。他继承我国戏剧艺术的优良传统，多方面革新创造，在长期的舞台演出艺术实践中，对京剧的各方面都有创新发展，尤其是提高了京剧旦角的表演艺术，在戏剧理论上也独有建树。他独特的"梅派"艺术风格，影响很广；他锤炼的京剧唱腔，堪称经典；他表演的戏剧人物，令人难忘。他开了中国京剧走出国门、享誉国外的先河。抗日战争时期，他蓄须明志，气节凛然。新中国成立后，他以艺术为武器为人民服务。他在中国戏剧发展史上是一座高峰。1962年8月8日京剧表演艺术家梅兰芳逝世一周年之际，中国人民邮政发行了《梅兰芳舞台艺术》纪念邮票和小型张，还特别为集邮需求发行无齿邮票，仅1万套。

梅兰芳像、《抗金兵》、《游园惊梦》
《霸王别姬》、《穆桂英挂帅》
《天女散花》、《生死恨》、《宇宙锋》
纪94《梅兰芳舞台艺术》1962.8.8发行

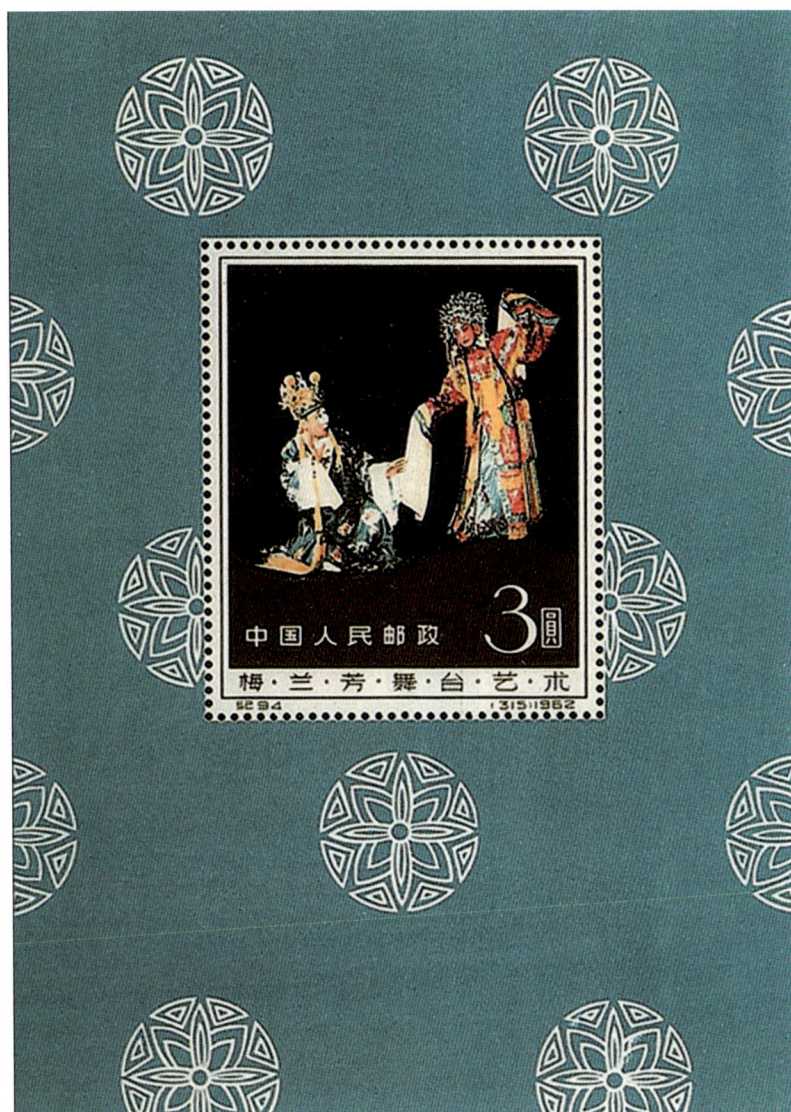

《贵妃醉酒》

纪 94M《梅兰芳舞台艺术》小型张 1962.9.15 发行

1963年

一、首例断肢再植手术成功

　　断肢再植是一种将已经断离的肢体进行再植的手术，再植的肢体不仅要能存活，而且要恢复一定的生理功能。1963年1月2日，上海市第六人民医院为一位右手腕部完全断离的病人成功实施世界首例断肢再植手术，陈忠伟医生被国际医学界称为"断手再植的奠基人"。此后断肢再植手术在全国各地广泛施行。1976年4月9日，中国人民邮政发行《医疗卫生科学新成就》特种邮票。

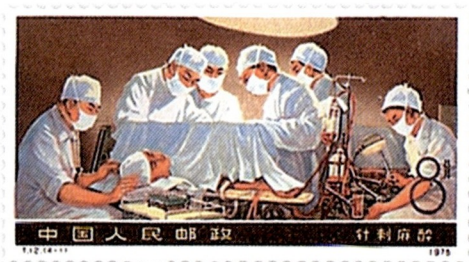

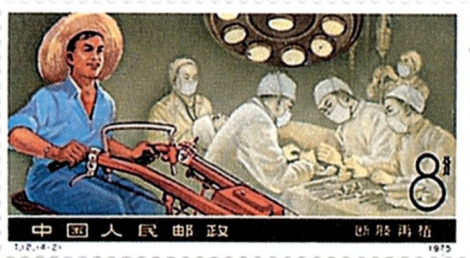

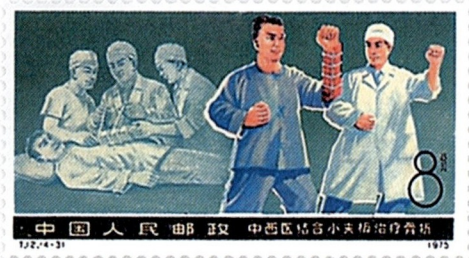

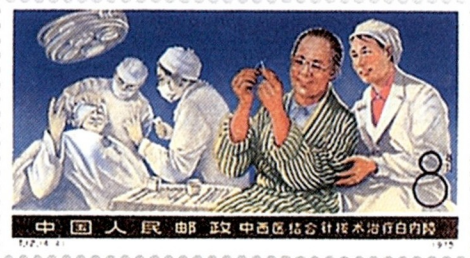

针刺麻醉、断肢再植
中西医结合小夹板治疗骨折、中西医结合针拨术治疗白内障
T.12《医疗卫生科学新成就》1976.4.9发行

二、毛泽东题词"向雷锋同志学习"

　　雷锋是中国人民解放军某部运输连班长，出生于湖南省一个贫农家庭，他干一行爱一行，在每个岗位上都表现积极、成绩优秀。参军后在部队里苦练技术，积极学习毛主席著作，努力改造世界观。他爱憎分明、公而忘私、助人为乐，具有高尚的道德品质和艰苦朴素的工作作风。1961年中国人民解放军工程兵政治部发出关于学习雷锋的通报。1962年8月15日雷锋不幸因公殉职，年仅22岁。1963年3月5日，《人民日报》发表了毛主席亲笔题词"向雷锋同志学习"，随后又发表了刘少奇、朱德、周恩来、邓小平的题词。此后，在全国很快出现学习雷锋的热潮，人人学雷锋，个个做好事，形成社会风尚。

毛泽东题词、雨露滋润禾苗壮

J.26《向雷锋同志学习》1978.3.5 发行

向雷锋同志学习、学习钻研、爱岗敬业、助人为乐

2013-3《毛泽东"向雷锋同志学习"题词发表五十周年》2013.3.5 发行

三、新中国第一套昆虫题材邮票《蝴蝶》

　　蝴蝶属于昆虫纲鳞翅目锤角亚目的昆虫，全世界有16000种，我国有1300多种，分属凤蝶、粉蝶、蛱蝶、喙蝶、环蝶等十几个科，有些是我国独有的。我国是世界上最早用文字记载蝴蝶的国家。蝴蝶种类繁多，形态各异，色彩丰富，起舞蹁跹，很早以来就成为人们欣赏与咏颂的对象，在现代还是遗传学、生态学与仿生学研究的重要科研资产。为此，中国人民邮政发行了《蝴蝶》特种邮票。

西藏豆粉蝶、三尾褐凤蝶、青城箭环蝶、瓦山剑凤蝶、联珠带眼蝶
粉绿燕凤蝶、重月纹凤蝶、橙红薯灰蝶、金斑喙凤蝶、雾社翠灰蝶
黑缘橙粉蝶、丫纹樟凤蝶、橙纹银蚬蝶、海南紫喙蝶、峨眉毛弄蝶
萤光翼凤蝶、祁连红绢蝶、天蓝纹紫蝶、葱岭铜灰蝶、云南丽蛱蝶

特56《蝴蝶》1963.4.5—7.15发行

*1964*年

一、中国与法国建交

　　法兰西共和国位于欧洲大陆西部，是具有悠久历史、灿烂文化和光荣传统的西方大国。1959 年戴高乐就职总统后，奉行独立自主的外交政策。1963 年 10 月，戴高乐授权法国前总理富尔代表他同中国领导人商谈两国关系问题。在中法双方就法国承认中华人民共和国是中国唯一的合法政府达成默契的情况下，双方同意法国提出的中法先宣布建交从而导致法国同台湾当局断交的方案。

　　1964 年 1 月 27 日，中法两国政府发表建交联合公报。法国成为西方大国中第一个同中国正式建立大使级外交关系的国家。此后，西方国家纷纷效法法国，与中国建立外交关系。

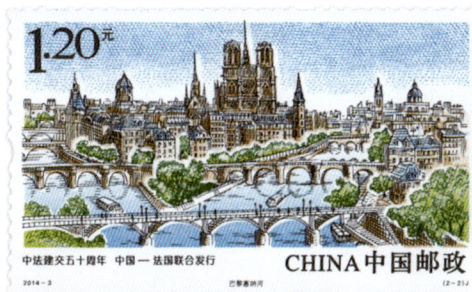

南京秦淮河、巴黎塞纳河

2014-3《中法建交五十周年》2014.1.27 发行

故宫太和殿 、卢浮宫

1998-20《故宫与卢浮宫》1998.9.12 发行

二、工业学大庆

　　1964年毛泽东发出"工业学大庆"的号召，2月5日，中共中央发出《关于传达石油工业部〈关于大庆石油会战情况的报告〉的通知》。工业学大庆运动在全国展开。

　　大庆油田位于黑龙江省松嫩平原中部。1960年2月展开了大庆石油会战，我国集中各方面力量，经过3年多的艰苦奋斗，开发了大庆油田。到1963年，我国石油产品已经达到基本自给。以铁人王进喜为代表的大庆工人，在极端困难的条件下，自力更生，艰苦奋斗，以毛主席的《矛盾论》《实践论》为指导思想，创建了中国第一个具有世界先进水平的大油田，建立起集石油开采、石油提炼与石油化工为一体的现代化石油工业基地，创造出一套中国自己建设和管理石油工业的经验，成为中国工业战线上的一面红旗。

铁人——王进喜、"两论"起家、艰苦创业、科学管理、新型矿区

T.4《大庆红旗》1974.9.30 发行

大批修正主义、为普及大庆式企业而奋斗
大干社会主义、前程似锦
J.15《全国工业学大庆会议》1977.4.25 发行

三、农业学大寨

　　1964 年 2 月 10 日，《人民日报》发表社论和通讯，介绍山西省昔阳县大寨大队艰苦奋斗、发展生产的事迹。在党的八届十一中全会上，毛主席提出"农业学大寨"。此后，农业学大寨运动在全国展开。

　　大寨七沟八梁，山石遍地，土质贫瘠，耕地很少，当地人生活贫困。为改变贫穷落后的面貌，大寨大队在党支部带领下，改土造田，治山治水，开山凿石，挖沟修渠，用自己的双肩双手，把一座座荒山秃岭改造成可耕田地，实现了粮食自给且有余。大寨的面貌一新，成为农业战线上的一面红旗。

革命豪情、艰苦奋斗、科学种田、大丰收、大寨红旗飘万代
T.5《大寨红旗》1974.9.30 发行

革命化的县委、欣欣向荣
庆丰收、大干社会主义
T.22《普及大寨县》1977.4.9 发行

四、中国名花牡丹亮相特种邮票

　　牡丹属于毛茛科芍药属多年生落叶灌木，属于我国特有的观赏花卉，已有几千年的栽培历史，集观赏、药用、食用于一身，原为陕西秦岭一代的山牡丹。南北朝时期，我国即有栽培，经长期培育，品种越发繁多。隋唐时已经成为点缀园林的观赏花卉。宋代的《洛阳牡丹记》等专著中，对牡丹的品种、颜色、栽培技术等都有详细记载。洛阳、曹州（今菏泽）等地的牡丹自古至今名扬天下。牡丹分布区域广，品种繁多；花球较大、花型多样、色彩缤纷、冠绝群芳，是国泰民安、繁荣昌盛、政通人和的象征。1964年8月5日中国人民邮政发行《牡丹》特种邮票一套。2019年7月，中国花卉协会经网上投票并综合各方意见，推荐牡丹作为我国国花。

胜丹炉、昆山夜光、葛巾紫、赵粉、姚黄

二乔、冰罩红石、墨撒金、殊（今作"朱"）砂垒、蓝田玉

御衣黄、胡红、豆绿、魏紫、醉仙桃

状元红·大金粉

特 61《牡丹》1964.8.5 发行

五、中华人民共和国成立十五周年

1964 年 10 月 1 日，全国各族人民在天安门广场隆重举行庆祝中华人民共和国成立十五周年典礼，来自世界 80 多个国家与地区的国家元首和贵宾 3000 多人参加了典礼。典礼后举行了盛大游行活动。为此中国人民邮政 10 月 1 日发行了《中华人民共和国成立十五周年》纪念邮票，10 月 20 日发行了该套邮票的小全张。这枚小全张的特别之处是：3 枚相连的邮票之间没有打齿孔，成为一体。

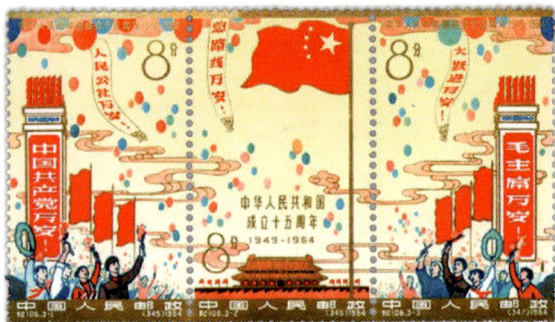

中国共产党万岁、中华人民共和国成立十五周年、毛主席万岁

纪 106《中华人民共和国成立十五周年》1964.10.1 发行

中华人民共和国成立十五周年

纪 106《中华人民共和国成立十五周年》小全张 1964.10.20 发行

六、三届全国人大一次会议

　　1964 年 12 月 21 日至 1965 年 1 月 4 日，三届全国人大一次会议在北京召开。周恩来作《政府工作报告》。会议选举刘少奇为中华人民共和国主席，宋庆龄、董必武为副主席。根据刘少奇的提名，决定周恩来为国务院总理。选举朱德为第三届全国人大常委会委员长。

工业建设、农业建设

纪 118《高举毛泽东思想伟大红旗　为实现第三个五年计划而奋斗》1967.4.15 发行

一、西藏自治区成立

1965年9月1日至9日，西藏自治区一届人大一次会议在拉萨举行，西藏自治区正式成立，首府设于拉萨市。大会选举产生了西藏自治区人民委员会，阿沛·阿旺晋美当选为自治区人民委员会主席。这标志着社会主义制度代替了封建农奴制度，西藏走上了繁荣发展的道路，面貌发生了巨大变化。

兴旺、欢庆、丰收

J.116《西藏自治区成立二十周年》1985.9.1 发行

西藏自治区成立四十周年

2005-27《西藏自治区成立四十周年》2005.8.26 发行

美丽西藏、和谐西藏、幸福西藏

2015-17《西藏自治区成立五十周年》2015.9.1 发行

二、我国在世界上首次人工合成牛胰岛素

　　牛胰岛素是一种具有蛋白质全部结构特征的蛋白质分子。从 1958 年开始，中国科学院上海生物化学研究所、中国科学院上海有机化学研究所和北京大学生物系三个单位联合，共同组成一个协作组，在前人对胰岛素结构和肽链合成方法研究的基础上，开始探索用化学方法合成胰岛素。经过周密研究，他们确立了合成牛胰岛素的程序。1965 年 9 月 17 日，在世界上首次实现用人工方法全合成蛋白质牛胰岛素。我国科学家的这一重大基础研究成果，是在多肽化学薄弱、专门人才缺乏、各种氨基酸和特种试剂国内不能生产等不利条件下取得的。1982 年，人工合成胰岛素研究成果获得国家自然科学一等奖。

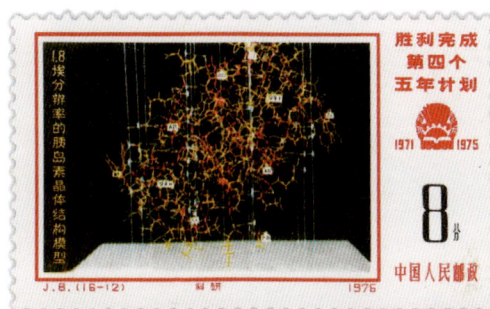

科研（1.8 埃分辨率的胰岛素晶体结构模型）
J.8《胜利完成第四个五年计划》1976.2.20 发行

人工合成牛胰岛素
2015-22《人工全合成结晶牛胰岛素五十周年》2015. 发行

1966年

一、县委书记的榜样——焦裕禄

1966年2月6日《人民日报》发表长篇通讯《县委书记的榜样——焦裕禄》，新华社随即进行播发。焦裕禄的事迹感动了全国，掀起了学习焦裕禄的热潮。

焦裕禄，山东淄博人，1962年任中共河南省兰考县委书记。为改变兰考受内涝、风沙、盐碱等严重自然灾害造成的贫穷落后面貌，他不顾重病在身，率领兰考人民艰苦奋斗，防砂治碱，表现出一位共产党人顽强的革命精神和一心为党为国为人民的高风亮节，被誉为"党的好干部"。1964年5月14日焦裕禄因病逝世，年仅42岁。

党的好干部——焦裕禄
1992-15《党的好干部——焦裕禄》
1992.10.28 发行

二、红旗渠干渠竣工通水

红旗渠是河南林县（今安阳林州市）人民修筑的引水工程。河南林县多山少水，十年九旱。从1960年起，林县人民用简陋的工具，以"愚公移山"的精神，苦干十年，修成渠网纵横、清水流畅的引水工程。红旗渠现为国家5A级旅游景区、全国重点文物保护单位。

愚公移山、青年洞、桃园桥、人间天河
编 49–52《红旗渠》1972.12.30 发行

《毛主席诗词》邮票国庆日发行

　　毛泽东不但是伟大的无产阶级革命家、战略家和理论家，还是一位伟大的诗人。他在不平凡的一生中，写下了很多旧体诗词。1957年《诗刊》创刊号发表了毛泽东亲自订正后的18首诗词，1962年5月《人民文学》杂志发表了毛泽东1929年到1931年在马背上写的6首诗词。1963年12月，人民文学出版社和文物出版社分别出版了《毛主席诗词》和《毛主席诗词三十七首》。毛主席诗词成为人们争相咏颂的作品。1967年10月1日，中国人民邮政发行《毛主席诗词》邮票14枚，第一枚为毛泽东写作时的照片，其余13枚均为毛泽东诗词手迹。

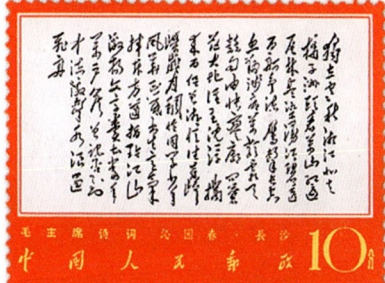

毛泽东在创作
《沁园春·长沙》
《满江红·和郭沫若》

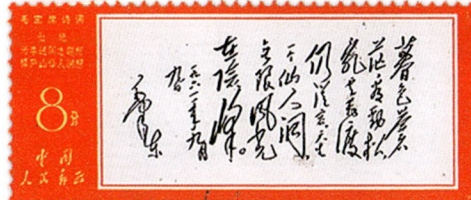

《沁园春·雪》
《忆秦娥·娄山关》
《七绝·题庐山仙人洞照》
《采桑子·重阳》

《七律·长征》《清平乐·六盘山》

《七律·人民解放军占领南京》《浪淘沙·北戴河》《清平乐·会昌》
《水调歌头·游泳》《菩萨蛮·黄鹤楼》

文7《毛主席诗词》1967.10.1 发行

1968年

一、河北满城汉墓出土大量珍贵文物

　　满城汉墓是西汉中山靖王刘胜及其妻窦绾之墓，随葬品豪华奢侈，共出土金银器、玉器、漆器、丝织品等文物 1 万余件，其中包括两套金缕玉衣、长信宫灯、错金博山炉等著名器物，为研究西汉时期的政治、经济、军事、文化、科技提供了重要的实物资料。满城汉墓于 1968 年发掘。1973 年 11 月 20 日，中国人民邮政发行包括满城汉墓长信宫灯在内的《"文化大革命"期间出土文物》邮票。2000 年，中国邮政发行《中山靖王墓文物》邮票。

青花凤首扁壶·元、鎏金舞马衔杯银壶·唐、黑彩马·唐、泥俑·唐
石雕柱础·北魏、铜奔马·东汉、鎏金镶嵌铜砚盒·东汉、长信宫灯·西汉
鸭纽盖铜鼎·春秋、曾中游父方壶·西周、青铜提梁卣·商、彩绘红陶鼎·原始社会晚期
编 66—77《"文化大革命"期间出土文物》1973.11.20 发行

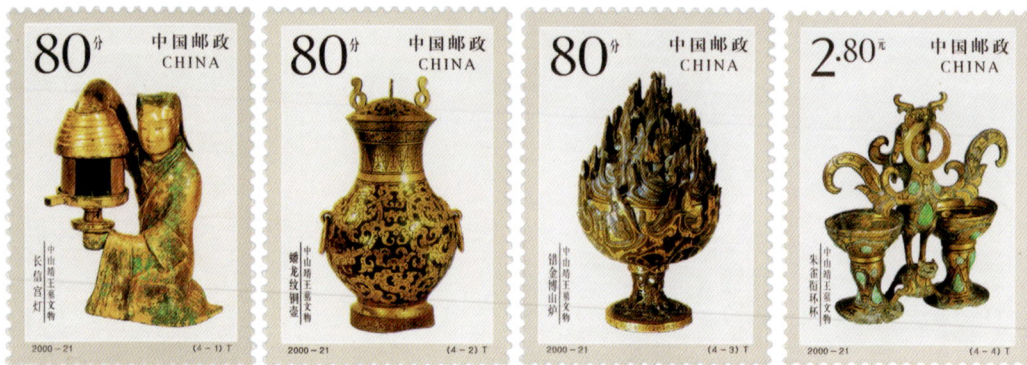

长信宫灯、蟠龙纹铜壶、错金博山炉、朱雀衔环杯

2000-21《中山靖王墓文物》2000.10.20 发行

二、南京长江大桥全面建成通车

南京长江大桥位于南京市下关与浦口之间，于 1960 年 1 月 18 日动工修建，至 1968 年 12 月 29 日全面建成通车。大桥全部由中国自行设计、自行施工建造，是横跨长江最大的公路铁路两用的现代化桥梁。正桥长 1577 米，有 10 孔钢梁，9 孔跨度都为 160 米。9 个桥墩高约 80 米，采用首创的沉箱式桥墩基础。公路桥连同两端引桥全长 4589 米，铁路桥连同两端引桥全长 6772 米。大桥把原津浦铁路与沪宁铁路连为一体，从北京可直达上海。南京长江大桥雄伟壮观，是我国建桥历史上的一座里程碑。

铁路桥、公路桥、全景、欢呼大桥胜利建成

文 14《南京长江大桥胜利建成》1969.5.1—8.26 发行

铁路大桥

T.36《铁路建设》1979.10.30 发行

*1969*年

一、第二汽车制造厂加速建设

第二汽车制造厂，简称"二汽"，是贯彻中共中央和毛泽东主席20世纪60年代中期"三线建设"重大战略决策建设的。1969年10月28日，来自全国30多家工厂、设计院和建筑单位的建设者汇集在湖北十堰，开山辟地，拉开了建设二汽的序幕。此后，第二汽车制造厂为我国经济建设与发展作出了重要贡献。

第二汽车制造厂
T.152《社会主义建设成就》（三）1990.6.30发行

东风中型载货汽车
1996-16《中国汽车》1996.7.15发行

二、我国第一套全自动长途电话设备成功启用

1969年10月7日新华社报道，中国自行设计、自行制造的第一套全自动长途电话设备在北京长途电信局安装成功。这套设备试用于北京一天津之间互相通话，效果与市内通话一样良好。使用全自动长途电话设备打长途电话时，用普通电话按照规定的号码拨号，就可以直接拨通另一城市接话人的电话，速度快，使用方便。

北京长话大楼
普19《北京长话大楼》1981.6.5发行

1970年

一、中国第一颗人造地球卫星发射成功

1970年4月24日，中国第一颗人造地球卫星"东方红一号"于21时35分发射成功，标志着中国成为继苏联、美国、法国、日本之后世界上第五个用自制火箭发射国产卫星的国家。东方红一号卫星的外形是直径1米近似球形的72面体，重173千克，超过了苏、美、法、日发射的第一颗人造地球卫星重量的总和。其上装有天线、电源和测量仪器。它绕地球一圈的时间为114分钟，向世界播放《东方红》乐曲。

乐声环宇：东方红一号卫星

T.108《乐声环宇：东方红一号卫星》1986.2.1发行

二、成昆铁路建成通车

成昆铁路（成都—昆明），全长1091公里，横跨金沙江，穿过大小凉山，飞越大渡河，连接云南、贵州、四川三省，为纵贯我国西南地区的交通大动脉。成昆铁路沿线山高、谷深、流急、路险，地质状态极为复杂，于1958年7月开工建设，1964年复工建设，1970年7月1日竣工通车，是国家I级单线电气化铁路。全线有隧道430来座，总长340多公里，6000米以上的有两座；有桥梁近千座，总长100公里，桥梁、隧道占了全线长度的40%。成昆铁路自建成通车以来，经受住了大自然严峻的考验，至今畅通无阻，为祖国的经济发展和物资运输发挥了巨大的作用。

铁路新线（成昆铁路）

T.36《铁路建设》1979.10.30发行

三、兴建长江葛洲坝水利枢纽工程

　　葛洲坝水利枢纽工程位于湖北省宜昌市，由船闸、电站厂房、泄水闸、冲沙闸及挡水建筑物组成。挡水大坝全长 2595 米，最大坝高 47 米，水库库容约为 15.8 亿立方米。葛洲坝水利枢纽工程的研究始于 20 世纪 50 年代后期，1970 年 12 月 25 日中共中央批准兴建，12 月 30 日破土动工，1974 年 10 月主体工程正式施工。整个工程分为两期，第一期工程于 1981 年完工，实现了大江截流、蓄水、通航和二江电站第一台机组发电；第二期工程 1982 年开始，1989 年 1 月整个葛洲坝水利枢纽工程建成。葛洲坝水利枢纽工程是我国万里长江上建设的第一个大坝，是长江三峡水利枢纽的重要组成部分，其设计水平和施工技术都体现了我国当时水利水电建设的最新成就。

大江截流、主体工程、二号船闸

T.95《长江葛洲坝水利枢纽》1984.6.15 发行

一、中国共产党成立五十周年

1971 年是中国共产党成立五十周年。1971 年 7 月 1 日，
中国人民邮政发行《中国共产党成立五十周年》纪念邮票。

中共一大会址、广州农民运动讲习所、革命摇篮井冈山
遵义会议会址、革命圣地延安、首都天安门

各族人民团结奋进
编 12-20《中国共产党成立五十周年》
1971.7.1 发行

二、联合国恢复中华人民共和国合法席位

　　联合国是第二次世界大战后成立的由主权国家组成的国际组织，成立于 1945 年 10 月 24 日。中国是联合国的创始会员国，并且是联合国安全理事会五个常任理事国之一。中华人民共和国成立后，理应由新中国代表占有中国在联合国的合法席位。但主要由于美国政府的反对，中国在联合国的席位一直被台湾当局占据。中国政府和中国人民为此展开了长期不懈的斗争，直到 1971 年 10 月 25 日，第 26 届联合国大会以 76 票赞成、35 票反对、17 票弃权的压倒性多数的票数，通过了阿尔巴尼亚、阿尔及利亚等 23 国的提案，以 2758 号决议决定恢复中华人民共和国在联合国的一切合法权利。中华人民共和国在联合国长期被非法剥夺的席位得以恢复，并作为联合国常任理事国之一。这是中国外交史上具有历史意义的伟大胜利。

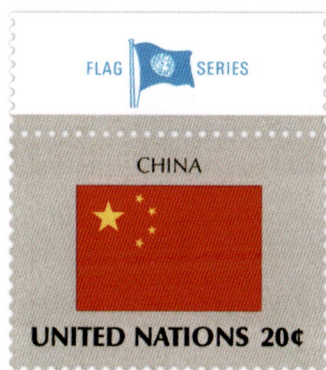

《国旗系列》联合国邮政 1983.9.23 发行

联合国旗和联合国大厦
联合国成立五十周年纪念标志
1995-22《联合国成立五十周年》1995.10.24 发行

联合国成立七十周年纪念标志
2015-24《联合国成立七十周年》2015.9.26 发行

*1972*年

一、进口成套化纤、化肥技术设备

　　1972 年 2 月 5 日，中共中央、国务院批准国家计委《关于进口成套化纤、化肥技术设备的报告》。随后，国家计委进一步提出从国外进口 43 亿美元成套工业设备和单机的引进方案。从 20 世纪 70 年代开始，我国化纤工业进入全面发展时期，先后引进多套大型化纤生产线。到 90 年代，我国已经成为世界化纤生产大国。

原料、抽丝、纺织、印染、成品
T.25《化学纤维》1978.6.15 发行

二、湖南长沙马王堆出土西汉早期墓葬

湖南长沙马王堆汉墓是西汉初期长沙国丞相利苍及其家属的墓葬，1972年7月至1974年，考古工作者在这里先后发掘了3座西汉时期墓葬。墓葬的结构宏伟复杂，墓葬内的随葬品十分丰富，出土了大量的文物，有丝织品、帛书、帛画、漆器、陶器、竹简、印章、封泥、竹木器、农畜产品、中草药等遗物3000余件。一号墓出土的历经2000年不腐的神奇女尸震惊了世界。三号墓出土的大量帛书文献，为西汉初期历史考证提供了翔实的资料。

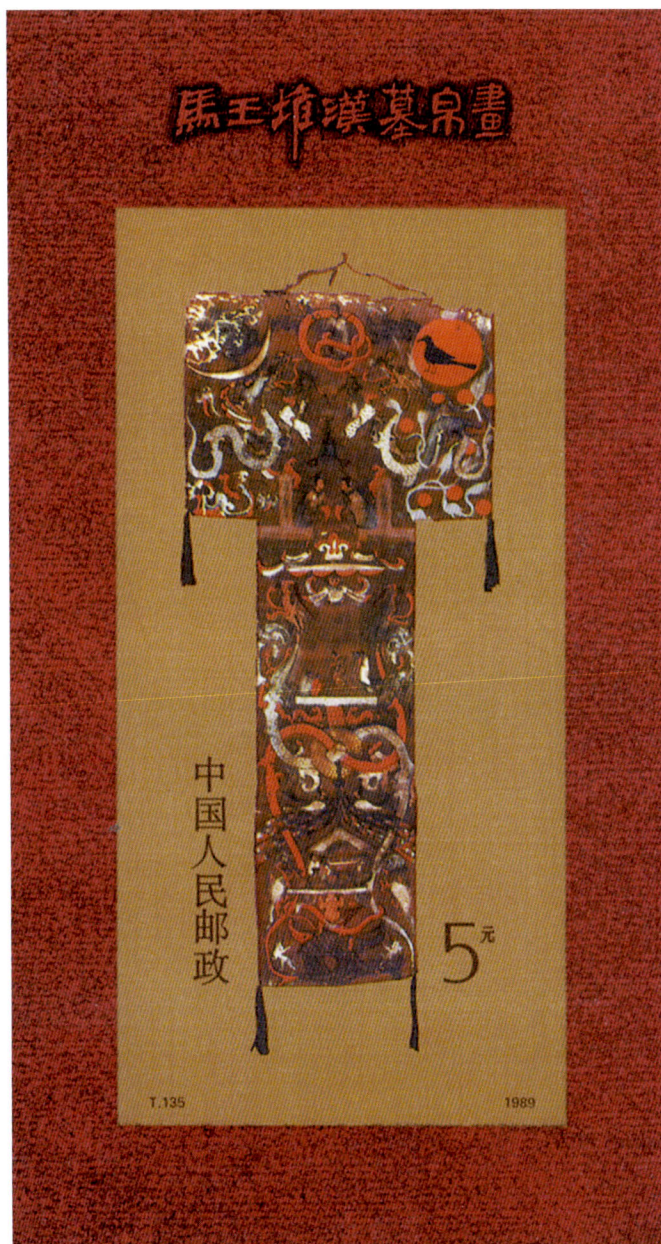

马王堆汉墓帛画

T.135M《马王堆汉墓帛画》

小型张 1989.3.25 发行

三、中日邦交实现正常化

　　中日两国一衣带水，两国交往源远流长。但是在甲午海战以后的半个多世纪里，日本军国主义对中国发动了侵略战争，使中国蒙受深重灾难。新中国成立后，日本政府采取对中国敌视的政策，越来越不得人心。随着中华人民共和国在联合国合法席位的恢复和中美关系正常化进程的开始，中日关系不断改善。在中日两国各界人民的努力下，1972年9月25日至29日，日本国内阁总理大臣田中角荣应邀访问中国，谈判并解决中日邦交正常化问题。29日，中日两国政府发表《联合声明》，宣布即日起建立外交关系。中日建交打开了两国睦邻友好的历史新篇章，对两国和世界和平发展都具有重要意义。到1973年底，我国已基本上完成同美国以外的资本主义发达国家的建交，同当时的欧洲共同体也建立了正式外交关系，是这一时期对外关系的重大突破。

梅花、扶桑

J.84《中日邦交正常化十周年》1982.9.29 发行

中日邦交正常化二十周年、世代友好

1992-10《中日邦交正常化二十周年》1992.9.29 发行

一、我国制定第一部环境保护综合性法规

1973 年 8 月 5 日至 20 日，国务院召开首次全国环境保护会议，制定了《关于保护和改善环境的若干规定（试行草案）》。这是我国第一部环境保护的综合性法规。1979 年，我国制定并通过了《中华人民共和国环境保护法（试行）》。1983 年底，召开第二次全国环境保护会议，正式宣布：环境保护是我国的一项基本国策。

联合国人类环境会议二十周年

1992–6《联合国人类环境会议二十周年》1992.6.5 发行

保护土壤环境、保护大气环境

保护水环境、防治噪声污染

T.127《环境保护》1988.6.5 发行

稳定低生育水平、珍惜矿产资源、保护森林、防止大气污染
珍惜生命之水、保护海洋资源、防治荒漠化、保护生物多样性
普 30《保护人类共有家园》2002–2004 发行

二、世界上首次培育成功强优势杂交水稻

　　1973 年，我国籼型杂交水稻科研协作组袁隆平等人，在世界上首次培育成功强优势的籼型杂交水稻。杂交水稻是由两个具有不同遗传特性的水稻品种或类型，经有性杂交之后而产生的一种新的品种，具有很多的杂交优势。袁隆平选育出的杂交水稻不仅大大提高了中国的水稻产量，也被认为有助于解决未来世界性饥饿问题。杂交水稻不仅在生产上为大幅度提高水稻产量开辟了新途径，而且大大丰富了农作物遗传育种的理论与实践，成为人类水稻种植史上一次重大的飞跃。

制种、丰收
2013-29《杂交水稻》2013.10.25 发行

一、为革命纪念地发行普通邮票

中国共产党领导中国人民在长期的革命斗争和建设过程中，有许多具有重大历史意义和作用的地方被视作革命纪念地。革命遗址及革命纪念建筑物是对人民群众特别是青少年进行历史唯物主义、爱国主义和革命传统教育的宝贵文化遗产，保护好这些遗产是全民族的责任。我国曾多次发行革命纪念地的邮票，起到了很好的革命传统教育作用。1974年中国人民邮政发行《革命纪念地》普通邮票14枚，呈现了革命纪念地的面貌。

韶山（毛主席旧居）、中国共产党第一次全国代表大会会址、广州农民运动讲习所旧址、南昌起义总指挥部旧址
人民大会堂、秋收起义——文家市、天安门、革命摇篮井冈山——茨坪
古田会议会址、遵义会议会址、革命圣地——延安、中国共产党七届二中全会会址——西柏坡
庐山仙人洞、人民英雄纪念碑

普16《革命纪念地》1974.4.1起发行

二、邓小平率团出席联合国大会第六届特别会议

1974 年 4 月 6 日，邓小平率中国代表团出席联合国大会第六届特别会议。10 日，邓小平在联大会议上发言，全面阐述了毛泽东关于三个世界划分的理论，说明我国的对外政策。

出席联合国第六届特别会议

2014-17《邓小平同志诞生一百一十周年》2014.8.22 发行

三、大港油田与胜利油田建成

1974 年 5 月 15 日新华社报道：大港油田在华北东部滨海地区建成。9 月 29 日新华社报道：胜利油田在山东渤海湾地区建成。大港油田和胜利油田的建成是我国石油工业取得的巨大发展，与分布在全国各地的采油、炼油、输油、陆地与海上的油气钻探部门一起，形成门类齐全的石油工业体系。

钻机整体搬家、炼油

采油、输油

油田建设、海上钻探

T.19《发展中的石油工业》1978.1.31 发行

四、秦始皇陵兵马俑坑

　　秦始皇陵位于陕西临潼，南依骊山，北邻渭水。秦始皇生前就开始兴建，历时 37 年建成，规模宏大，举世罕见。历经 2000 多年沧桑巨变，秦始皇陵的墓冢尚存。1974 年 3 月，当地农民打井时发现了陶俑。7 月，我国考古工作者开始对秦始皇陵东侧的秦代兵马俑坑进行发掘工作。以后先后发现了 3 个兵马俑坑，其中一号坑深 5 米、长 230 米，内有陶俑约 6000 件。秦俑形体高大，形象生动，可谓千人千面、栩栩如生，秦俑阵列气势恢宏、蔚为壮观，被誉为"世界第八大奇迹"。在其上建成的秦始皇兵马俑博物馆 1979 年对外开放。

群俑、陶俑
兵马俑、兵马俑坑

牵马俑
T.88《秦始皇陵兵马俑》
1983.6.30 发行

五、中华人民共和国成立二十五周年

　　1974 年，为庆祝中华人民共和国成立二十五周年，我国于 10 月 1 日举行了庆祝国庆游园联谊活动和焰火礼花燃放。中国人民邮政发行两套纪念邮票。

团结起来争取更大的胜利

J.2《中华人民共和国成立二十五周年》（第一组）1974.10.1 发行

工业学大庆、农业学大寨、神圣领土不容侵犯

J.3《中华人民共和国成立二十五周年》（第二组）1974.10.1 发行

*1975*年

一、四届全国人大一次会议

    1975 年 1 月 13 日至 17 日，四届全国人大一次会议在北京举行。周恩来抱病作《政府工作报告》，大会通过了修改后的《中华人民共和国宪法》；批准了《政府工作报告》；大会选举朱德继续担任全国人大常委会委员长，董必武、宋庆龄等 22 人为副委员长；决定周恩来继续担任国务院总理，邓小平等 12 人为副总理。

全国各族人民大团结、新宪法诞生、夺取新的胜利
J.5《中华人民共和国第四届全国人民代表大会》1975.1.25 发行

二、我国成功发射返回式遥感卫星

    1975 年 11 月 26 日，我国在甘肃酒泉卫星发射中心成功发射第一颗返回式遥感人造地球卫星，卫星正常运行 3 天，取得了珍贵的对地遥感资料后，按预定计划返回地面，成功回收。这使我国成为继美、苏之后第三个掌握卫星回收技术的国家。

天外归来——回收卫星
T.108《天外归来——回收卫星》1986.2.1 发行

三、胜利完成第四个五年计划

　　1975 年是执行第四个五年计划的最后一年。经过大抓整顿，经济形势逐渐趋于好转。工农业总产值和大多数产品产量指标按照"四五"计划基本完成，这一年是 1966 年以来经济状况最好的一年。工农业总产值完成计划的 101.7%。其中农业总产值完成"四五"计划规定的 104.5%。工业总产值完成 100.6%。"四五"期间施工的大中型项目共有 2579 个，全部建成投产的有 700 多个。

农田、灌渠
小化肥、纺织
钢铁、煤炭
水电、造船

石油、油港
铁路、科研
牧区小学、公社卫生院
职工宿舍、商业

J.8《胜利完成第四个五年计划》1976.2.20 发行

1976年

一、周恩来同志逝世

周恩来（1898—1976）同志是伟大的马克思主义者，伟大的无产阶级革命家、政治家、军事家、外交家，党和国家主要领导人之一，中国人民解放军主要创建人之一，中华人民共和国的开国元勋，是以毛泽东同志为核心的党的第一代中央领导集体的重要成员。新中国成立后，一直担任政府总理，中共八大当选为中共中央副主席，担负着处理党和国家日常事务的繁重工作。周恩来同志对党和人民无限忠诚，鞠躬尽瘁。他顾全大局、任劳任怨，为继续进行党和国家的正常工作，为尽量减少动乱所造成的损失，为保护大批党内外干部，进行了坚持不懈的努力。1976 年 1 月 8 日，周恩来同志逝世，引起了全党全军和全国各族人民的无限悲痛。11 日下午，首都百万群众汇集在十里长街上，送别周恩来同志。15 日，周恩来同志追悼大会在人民大会堂隆重举行。

周恩来像、光辉的榜样
和大庆人在一起、和大寨人在一起
J.13《中国人民伟大的无产阶级革命家、杰出的共产主义战士周恩来同志逝世一周年》1977.1.8 发行

二、朱德同志逝世

　　朱德（1886—1976）同志是伟大的马克思主义者，伟大的无产阶级革命家、政治家和军事家，中国人民解放军的主要缔造者之一，中华人民共和国的开国元勋，是党的第一代中央领导集体的重要成员。1919年，他积极参加"五四"运动，先后到法国和德国勤工俭学，在旅欧中国学生和工人中宣传马克思主义。1922年加入中国共产党。1927年，参加领导了南昌起义，1930年起历任中国工农红军总司令、八路军总司令、中国人民解放军总司令。新中国成立后，历任中央人民政府副主席、国家副主席、人大常委会委员长。中共八大当选为中共中央副主席。1955年被授予元帅军衔。他为争取中国人民解放事业和社会主义事业的胜利，无私贡献了毕生精力。1976年7月6日朱德同志逝世。11日，朱德同志追悼大会在人民大会堂隆重举行。

朱德像、毕生精力献革命

为共产主义奋斗终生、革命老英雄

J.19《中国人民伟大的无产阶级革命家朱德同志逝世一周年》1977.7.6发行

三、河北唐山、丰南地区发生特大地震

　　1976 年 7 月 28 日，河北省唐山、丰南地区发生里氏 7.8 级强烈地震，并波及天津、北京等地。地震造成 24.2 万余人死亡，16.4 万余人受重伤，唐山市区地面建筑和设施全部倒塌，1000 余万平方米的工业建筑全部报废，水利建设和农田遭受损害，地震造成的经济损失达 300 亿元。在中共中央、国务院和中央军委的领导下，在全国人民和解放军的大力支援下，灾区群众奋起抗震救灾。1977 年 5 月，党和国家批准了《唐山市城市总体规划》，1979 年起开始大规模重建，一座崭新的唐山重现在地震的废墟之上。

农舍、工厂
街景、海港
1996-17《震后新唐山》1996.7.28 发行

四、毛泽东同志逝世

　　毛泽东（1893—1976）是伟大的马克思列宁主义者，伟大的无产阶级革命家、战略家、理论家，是马克思主义中国化的伟大开拓者，是近代以来中国伟大的爱国者和民族英雄，是党的第一代中央领导集体的核心，是领导中国人民彻底改变自己命运和国家面貌的一代伟人。他1921年参加了中国共产党第一次全国代表大会。1927年在井冈山建立了第一个农村革命根据地。1935年在遵义会议上确立了以毛泽东为代表的新的中央的正确领导。1943年当选为中共中央委员会主席和中央政治局主席，以后在历届中央委员会上都连续当选。1949年当选为中华人民共和国中央人民政府主席，1954年任中华人民共和国主席。

　　毛泽东同志为中国共产党和中国人民解放军的创立与发展，为中国各族人民解放事业的胜利，为中华人民共和国的缔造和社会主义建设事业的发展，建立了不可磨灭的功勋。对适合中国实际的社会主义建设道路进行了艰苦探索。他为世界被压迫民族的解放与人类进步事业作出了重大贡献。1976年9月9日毛泽东同志逝世。18日，首都百万群众在天安门广场隆重举行追悼大会。全国各省、市、自治区都举行了悼念活动。

毛主席永远活在我们心中、在陕北、在七届二中全会上

J.21《伟大的领袖和导师毛泽东主席逝世一周年》1977.9.9 发行

宣告新中国诞生，在检阅，和周恩来、朱德在一起
J.21《伟大的领袖和导师毛泽东主席逝世一周年》1977.9.9 发行

毛主席纪念堂
J.22《伟大的领袖和导师毛泽东主席纪念堂》1977.9.9 发行

*1977*年

一、工农业建设走进普通邮票

　　在"三五""四五"规划期间，广大党员、党的各级领导干部和人民群众在极端困难的条件下，克服重重干扰，社会主义建设在一些重要领域仍然取得一定进展。"三五""四五"计划基本完成，使农业生产条件有了一定的改善，石油、化工、冶金、机械等行业有了较快的发展，一批交通运输线、输油管线和邮电通信设施相继建成。科学技术方面也取得重大成就。在此期间进行的三线建设成果十分引人注目，对于改变我国工业布局、促进内地经济和社会发展，具有重要而深远的影响。这些成就充分显示了我国人民在爱国主义、社会主义旗帜下，所凝聚起来的巨大力量和聪明才智。1977年3月发行的《工农业生产建设》普通邮票，描绘了这些成就。

煤炭、牧业、港口、林业、水电

渔业、农业、邮电、钢铁、公路

纺织、农机、石油、铁路

普18《工农业生产建设》1977.3.15 起发行

二、中国人民解放军建军五十周年

　　中国人民解放军建军五十周年庆祝大会于 1977 年 7 月 31 日在北京举行。1977 年 8 月 1 日，中国人民邮政发行《中国人民解放军建军五十周年》纪念邮票。

加速革命化现代化、井冈山军旗红、游击健儿勇
雄师过长江、钢铁长城
J.20《中国人民解放军建军五十周年》1977.8.1 发行

三、中国共产党第十一次全国代表大会

1977 年 8 月 12 日至 18 日，中国共产党第十一次全国代表大会在北京人民大会堂召开。大会通过了政治报告、修改党章的报告和《中国共产党章程（修正案）》。邓小平同志重新当选中共中央副主席。

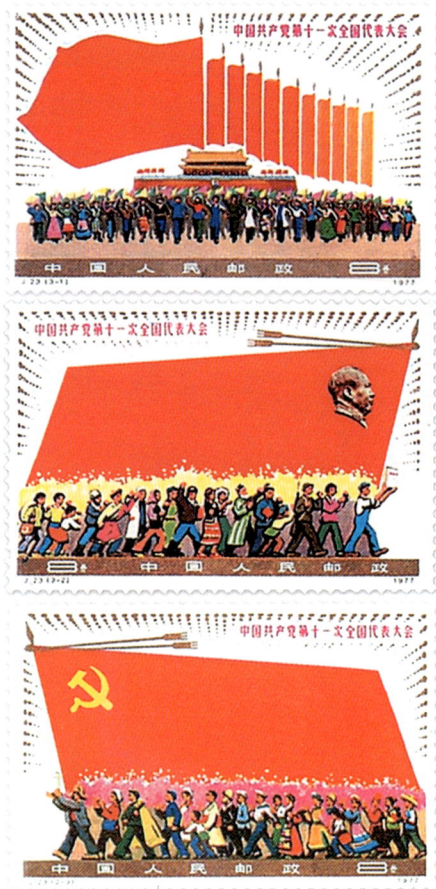

庆祝大会召开
高举毛主席的旗帜
中国共产党万岁
J.23《中国共产党第十一次全国代表大会》
1977.8.22 发行

四、陈景润与哥德巴赫猜想

1977 年 9 月 18，中央作出恢复技术职称，建立考核制度，实行技术岗位责任制的决定。之后，中国科学院决定分别晋升陈景润、杨乐、张广厚的职称。后来成为世界著名数学家的陈景润，在逆境中仍矢志不移地潜心研究世界近代三大数学难题之一的"哥德巴赫猜想"。在 6 平方米的小屋里，陈景润借着煤油灯微弱的光，伏在床板上进行演算，在用掉几麻袋的草稿纸后，终于使解析数学领域哥德巴赫自己无法证明、欧拉也未能帮助证明的"哥德巴赫猜想"的研究得以突破，取得了重大成果。

哥德巴赫猜想的最佳结果
1999–16《科技成果》1999.11.1 发行

一、五届全国人大一次会议

1978 年 2 月 26 日至 3 月 5 日，五届全国人大一次会议在北京召开。会议通过了《政府工作报告》、经修订的《中华人民共和国宪法》和重新填词的《中华人民共和国国歌》。与此同时举行的全国政协五届一次会议选举邓小平为全国政协主席。

高举毛主席的旗帜、人民的宪法、一定要实现四个现代化

J.24《中华人民共和国第五届全国人民代表大会》1978.2.26 发行

二、全国科学大会

　　1978年3月18日至31日，中共中央、国务院召开在中国科技发展史上具有里程碑意义的全国科学大会。在有6000多人参加的开幕式上，邓小平致开幕词，号召"树雄心，立大志，向科学技术现代化进军"；强调四个现代化的关键是科学技术的现代化，并着重阐述了"科学技术是生产力"这一马克思主义观点，指出为社会主义服务的脑力劳动者是劳动人民的一部分。大会表彰知识界的先进单位和个人，奖励优秀科研成果，充分调动了广大知识分子的积极性和创造性，以便实现党在新时期的总任务，大会制定了我国第三个科学技术发展长远规划《1978—1985年全国科学技术发展规划纲要（草案）》，迎来了科学的春天。

科学的春天、向四个现代化进军、努力攀登科学高峰

J.25《全国科学大会》1978.3.18 发行

三、表现时代精神的《奔马》邮票

1978年5月5日，中国人民邮政发行徐悲鸿《奔马》特种邮票。

徐悲鸿，江苏宜兴人，现代画家、美术教育家。其创作的中国画题材非常广泛，尤以工笔兼写意创作的千姿百态的奔马驰名中外。他对马的特性有深刻的理解，画马既注重马的外在形体，更善于描绘马不畏险阻、勇往直前的性格。他采用中国画特有的笔法线条，浓淡相宜的水墨色彩，行笔走墨、挥洒自如、力透纸背，寥寥数笔，势不可当，腾空飞驰的奔马便跃然纸上。

《奔马》邮票表现了全国人民以万马奔腾、迅猛向前的时代精神跨入新时期。

群奔马

奔马图

T.28《奔马》1978.5.5 发行

四、关于真理标准问题的大讨论

1978 年 5 月 10 日，中共中央党校内部刊物《理论动态》第 60 期发表《实践是检验真理的唯一标准》一文。11 日，《光明日报》以特约评论员的名义公开发表此文。这篇经新华社向全国转发的文章，旗帜鲜明地提出：社会实践不仅是检验真理的标准，而且是唯一的标准。马克思主义的理论宝库不是一堆僵死不变的教条。文章一经发表在广大干部群众中引起强烈反响，从而引发了一场在邓小平的领导、支持下，关于真理标准问题的全国性大讨论。实践表明，真理标准问题讨论是党的十一届三中全会实现伟大历史转折的思想先导，为党重新确立马克思主义的思想路线、政治路线和组织路线奠定了坚实的思想基础。

实践是检验真理的唯一标准、改革开放四十周年
个 48《伟大历程》个性化服务专用邮票 2018.5.19 发行

五、中美发表正式建交的联合公报

　　1972年2月21日美国总统理查德·尼克松抵达北京对中国进行访问，中美关系正常化进程由此正式开始。此后，中美双方经多次谈判终于达成协议，在1978年12月16日发表正式建交的联合公报，决定自1979年1月1日起两国建立外交关系。同日，美国宣布断绝同台湾当局的外交关系，以履行中方要求的"断交、撤军、废约"三原则。联合公报的发表，结束了两国关系长达30年的不正常状态，不仅对中国外交和世界局势产生了积极而深远的影响，而且有利于为我国的现代化建设营造一个良好的国际环境。

友好往来
J.59《中华人民共和国展览会》1980.9.13发行

美洲鹤、黑颈鹤
1994-15《鹤》1994.10.9发行

六、中共十一届三中全会开启改革开放新时期

经过"实践是检验真理的唯一标准"大讨论和中央工作会议的充分准备，中国共产党第十一届中央委员会第三次全体会议于 1978 年 12 月 18 日至 22 日在北京召开。

党的十一届三中全会结束了粉碎"四人帮"后党和国家工作在徘徊中前进的局面。党在思想、政治、组织等领域的拨乱反正从这次全会开始全面展开，我国的改革开放由这次全会揭开了序幕，邓小平理论也逐步形成和发展起来。这一切，显示了党顺应时代潮流和人民愿望、勇敢开辟中国特色社会主义道路的坚强决心，标志着中国共产党人在新的时代条件下的伟大觉醒，正是这个伟大觉醒，孕育了新时期从理论到实践的伟大创造。从这时起，中国共产党人和中国人民踏上建设中国特色社会主义新的伟大征程，以一往无前的进取精神和波澜壮阔的创新实践，开创和发展中国特色社会主义。十一届三中全会作为一个伟大转折点载入党的光辉史册。

邓小平同志在十一届三中全会上、历史上的伟大转折

1998-30《中国共产党十一届三中全会二十周年》1998.12.18 发行

1979年

一、全国人大常委会《告台湾同胞书》

　　1979年1月1日，《人民日报》采用通栏大标题形式，发表中华人民共和国全国人民代表大会常务委员会《告台湾同胞书》。《告台湾同胞书》尊重台湾现状，规划了两岸未来关系的基本思想、原则和路线图，商讨结束两岸军事对峙状态，提出两岸"三通"（通商、通邮、通航）、扩大两岸交流，进而实现和平统一等大政方针，从此打破了两岸30年的坚冰局面，使祖国统一的理念深入人心，成为不可逆转的伟大历史潮流。

玉山、日月潭
赤嵌楼、苏花沿海公路
天祥大瀑布、半屏山月夜
T.42《台湾风光》1979.10.20发行

二、中国植树节

　　中国植树节是以促进国土绿化，保护人类生态环境为目标，通过立法形式设立的节日。早在1915年，当时的中国政府根据林学家凌道扬等人的创议，将清明节确定为植树节。1928年为纪念伟大的革命先行者孙中山先生，植树节改为他逝世纪念日3月12日，以缅怀其丰功伟绩。1979年2月23日，五届全国人大常委会第六次会议根据林业总局的提议，通过了将3月12日定为中国植树节的决议，旨在动员全国各族人民积极植树造林，加快绿化祖国和林业建设的步伐。中国植树节的设立，有力地推动了全民义务植树运动广泛而深入地开展，极大改善了我国的生态环境状况。

中国植树节
2019-4《中国植树节》2019.3.12 发行

绿化祖国
特 27-4《绿化祖国》1958.12.15 发行

经济林、四旁绿化
飞播造林、厂矿绿化
T.48《植树造林　绿化祖国》
1980.3.12 发行

三、经济特区

　　1979年6月6日、9日，广东、福建分别向党中央上报了《关于发挥广东优势条件，扩大对外贸易，加快经济发展的报告》和《关于利用侨资、外资，发展对外贸易，加快福建社会主义建设的请示报告》。7月15日中共中央、国务院批转广东、福建的报告，决定先在深圳、珠海试办出口特区，待取得经验后，再考虑在汕头和厦门设置特区，并原则同意试行两省报告所建议的经济管理体制改革办法。1980年5月16日，中共中央、国务院批转《广东、福建两省会议纪要》，正式决定将"出口特区"定名为"经济特区"，在进一步确立特区地位的同时，又明确了特区的社会主义性质。同年8月，五届全国人大常委会十五次会议通过了《广东省经济特区条例》，经济特区建设由此通过立法程序正式确定下来。

经济特区——深圳、珠海、汕头、厦门、海南
1994-20《经济特区》1994.12.10发行

四、中华人民共和国成立三十周年

　　1979 年是中华人民共和国成立三十周年，中共中央和国务院于 9 月 30 日在人民大会堂召开招待会。1979 年 10 月 1 日，中国人民邮政发行《中华人民共和国成立三十周年》邮票。邮票 5 组。其中第三组《国歌》内容为五届全国人大一次会议决定重新填写的歌词。1982 年 12 月五届全国人大五次会议撤销了这一决定，恢复田汉作词的《义勇军进行曲》为中华人民共和国国歌（见 130 页J.94 邮票），并于 2004 年写入宪法。

国旗
J.44《中华人民共和国成立三十周年》（第一组）
1979.10.1 发行

国徽
J.45《中华人民共和国成立三十周年》（第二组）
1979.10.1 发行

国歌
J.46《中华人民共和国成立三十周年》
（第三组）1979.10.1 发行

欢庆

J.47《中华人民共和国成立三十周年》（第四组）

1979.10.1 发行

农业现代化、工业现代化

国防现代化、科学技术现代化

J.48《中华人民共和国成立三十周年》（第五组）

1979.10.1 发行

五、中国文学艺术工作者第四次代表大会

在党的十一届三中全会之后，1979年10月30日至11月16日，中国文学艺术工作者第四次代表大会召开。这是在中国文艺发展史上具有里程碑意义的大会。邓小平致祝词。大会期间，与会代表破除迷信、解放思想，全面总结了中华人民共和国成立后文艺战线正反两方面的经验与教训，明确了在新的历史时期文艺工作者的责任与任务。大会还修改了文联和各协会章程，选举产生了文联和各协会新的领导机构。

文化的春天、百花齐放 百家争鸣
J.39《中国文学艺术工作者第四次代表大会》1979.10.30 发行

六、中国重返国际奥委会

　　国际奥林匹克委员会作为奥林匹克运动的领导机构，是一个国际性的、非政府的、非营利的组织。1952 年新中国参加了在赫尔辛基举行的第 15 届奥运会。1954 年 5 月在希腊雅典召开的国际奥委会第 49 届全会上，经投票表决中国奥委会（中华全国体育总会）成为其中一员。但当时的国际奥委会有一股敌视中华人民共和国的逆流，暗中将中国台湾的体育组织以"中华全国体育协进会"的名义列入国际奥委会。经过针锋相对的斗争，中国奥委会（中华全国体育总会）于 1958 年 8 月 20日在北京宣布不承认国际奥委会，并与之断绝一切关系。1979 年 10 月 25 日，国际奥委会执委会在日本名古屋举行会议，确认中华人民共和国奥林匹克委员会为中国全国性奥委会，设在台北的奥委会将作为中国的一个地方机构留在国际奥委会内，但不得使用它目前所使用的歌和旗。国际奥委会经全体委员通信表决，批准了执委会在名古屋作出的中国代表权的决议，决定中华人民共和国奥林匹克委员会的名称为"中国奥林匹克委员会"。1979 年 11 月 27 日，中国奥委会宣布接受国际奥委会决议。

射击、体操、跳水
排球、射箭
J.62《中国重返国际奥委会一周年纪念》
1980.11.26 发行

一、《齐白石作品选》邮票

1980 年 1 月 15 日，《齐白石作品选》邮票开始发行。

齐白石（1864—1957），湖南湘潭人，现代画家、书法家、篆刻家。原名纯芝，字渭青，后改名璜，字濒生，别号借山吟馆主者、寄萍老人、齐大、木居士、三百石印富翁等。白石老人家本贫农，12 岁学木工，27 岁时学书画、习诗文、刻印章，57 岁后定居北京，推崇徐渭及吴昌硕等。60 岁后画风遽变，主张"画家先阅古人真迹，然后脱尽前人习气，别创画格，为前人所不为者"，经常否定已有成就，不断求变进行"衰年变法"，论画谓"妙在似与不似之间，太似为媚俗，不似为欺世"。擅画花鸟鱼虫亦工山水人物，创作取材广阔，题材充满民间情味，总能将平凡的物象变为不平凡的艺术。1953 年文化部授予其"人民艺术家"称号。

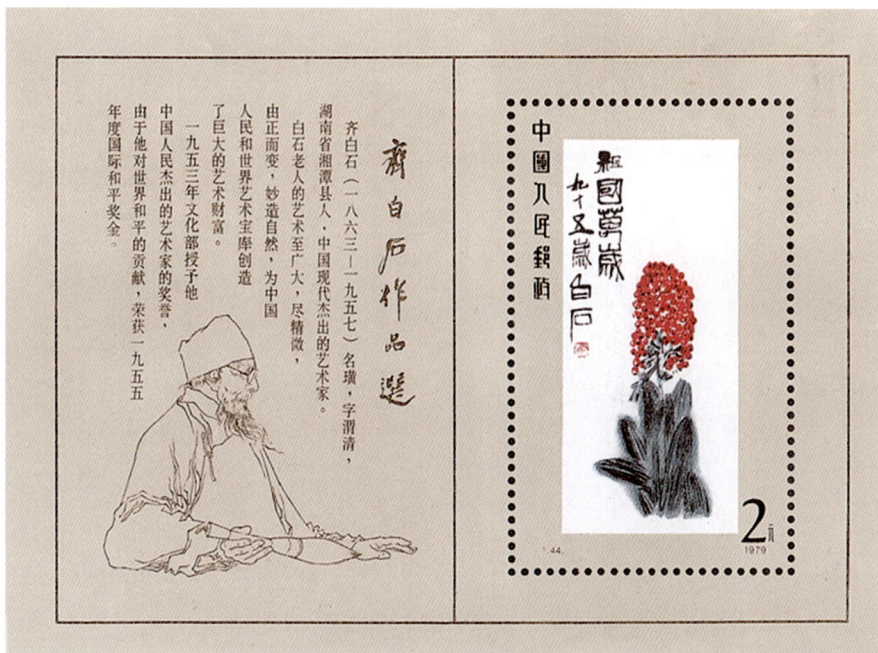

祖国万岁

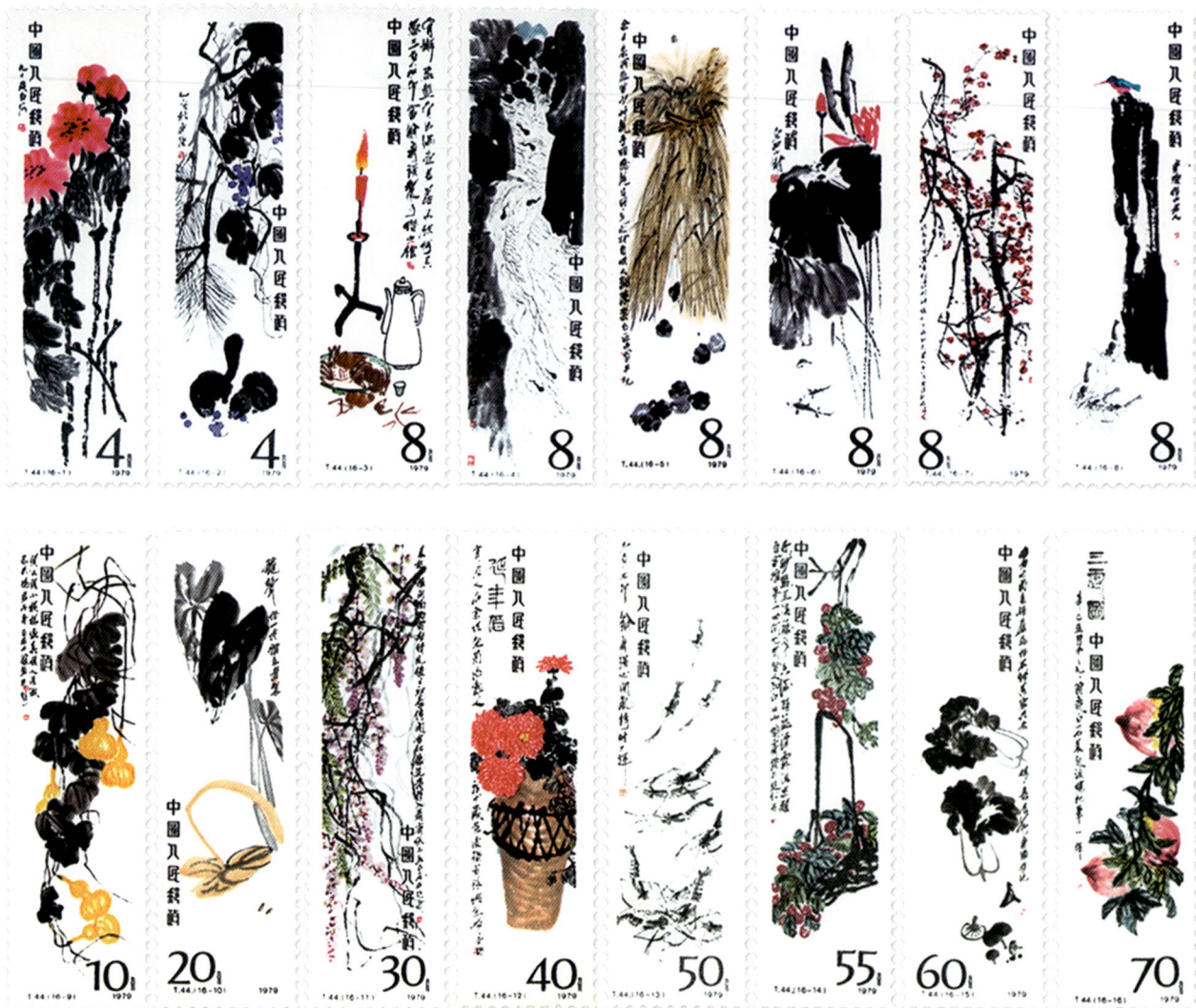

牡丹、松鼠葡萄、酒蟹图、蛙声十里出山泉、小鸡、荷花、红梅、翠鸟
葫芦、秋生、藤萝、菊花、虾、荔枝、白菜蘑菇、桃

T.44《齐白石作品选》1980.1.15 起发行

二、中国发行生肖邮票

　　1980 年 2 月 15 日，中国人民邮政发行《庚申年》生肖邮票。干支纪年是我国所独有的传统纪年法。它将甲、乙、丙、丁……十天干，与子、丑、寅、卯……十二地支相配，自甲子始至癸亥终，六十年循环一次，达到纪年之目的。后来，我们的祖先在文明的演化进程中，为便于记忆年龄，将既竞争厮杀又和睦相处的十二种常见的动物，也就是鼠、牛、虎、兔……，与子、丑、寅、卯……十二地支对应起来，形成流传至今的生肖。所谓"生"，指的是出生年，而"肖"就是相似。十二生肖在湖北云梦睡虎地出土的秦简《日书》里，已有比较完整的记载。东汉的王充在其所著《论衡》中，也系统地记录了十二种动物与十二地支的关系，使之成为中国古老文明的一个重要文化因子。

　　中国生肖邮票至 2019 年已发行了 3 轮又 4 年共 40 年，含生肖邮票 56 种。

庚申年、辛酉年、壬戌年、癸亥年
甲子年、乙丑年、丙寅年、丁卯年
戊辰年、己巳年、庚午年、辛未年
T.46《庚申年》1980.2.15 发行，至 1991 年已发行第一轮生肖邮票 12 种

三、中共中央为刘少奇恢复名誉

　　1980年2月23日至29日召开的中共十一届五中全会通过了《关于刘少奇同志平反的决议》。决议完全推翻了强加给刘少奇的种种罪名，恢复了他作为伟大的马克思主义者和无产阶级革命家、党和国家主要领导人之一的名誉。

　　刘少奇（1898—1969），曾化名胡服，湖南宁乡人。1921年在苏联莫斯科东方大学学习时加入中国共产党。新中国成立后主要担任全国人大常委会委员长、中华人民共和国主席兼国防委员会主席、中共中央副主席、中央军委副主席等职。"文化大革命"开始后受到错误批判，惨遭林彪、江青反革命集团的蓄意诬陷和残酷迫害。刘少奇冤案的平反，使受其牵连的近3万人得以昭雪，有力地推动了历次运动中冤假错案的平反进程。

刘少奇同志像
刘少奇同志在中国共产党第八次全国代表大会上作政治报告
刘少奇同志在陕甘宁边区劳动英雄大会上作报告
与劳动模范时传祥在一起

J.96《刘少奇同志诞生八十五周年》1983.11.24 发行

在天安门城楼上、在中共七大会议上
中国人民的使者、在办公室工作

1998-25《刘少奇同志诞生一百周年》
1998.11.24 发行

四、《党和国家领导制度的改革》

1980 年 8 月 18 日，邓小平在中共中央政治局扩大会议上，作题为《党和国家领导制度的改革》的讲话。这一讲话，后来成为指导我国进行政治体制改革纲领性文献。

中国共产党党徽

个 22《中国共产党党徽》个性化邮票主图

2011.5.21 发行

中华人民共和国国旗

个 19《国旗》2010.1.1 发行

1981年

一、第36届世界乒乓球锦标赛

　　1926 年始于英国伦敦的世界乒乓球锦标赛，是国际乒乓球联合会主办的一项具有广泛影响力，堪称世界最高水平的乒乓球大赛，其竞赛项目包括男子团体、女子团体、男子单打、女子单打、男子双打、女子双打和男女混合双打七项。1981 年 4 月 14 日至 26 日，第 36 届世乒赛在南斯拉夫诺维萨德举办，中国选手一举囊括全部冠军，将 7 座银质奖杯悉数捧回，创造了世界乒乓球锦标赛创办 55 年来前无古人的新纪录，由此也在世界乒坛形成新局面，从而极大地促进了乒乓球运动水平的高速提升。

男子团体冠军斯韦思林杯、女子团体冠军考比伦杯

男子单打冠军勃莱德杯、男子双打冠军伊朗杯、女子单打冠军盖斯特杯、女子双打冠军波普杯、混合双打冠军赫杜塞克杯

J.71《中国乒乓球队荣获七项世界冠军纪念》1981.6.30 发行

运动员、场馆
1995-7《第43届世界乒乓球锦标赛》1995.5.1 发行

二、宋庆龄同志逝世

宋庆龄（1893—1981）同志是我国爱国主义、民主主义、国际主义和共产主义的伟大战士，杰出的国际政治活动家，卓越的国家领导人，中华人民共和国名誉主席，中华人民共和国全国人民代表大会常务委员会副委员长。1914年任孙中山先生秘书，次年结为夫妇。1949年出席全国政协第一届全体会议并当选中央人民政府副主席，新中国成立后任全国人大常委会副委员长、中华人民共和国副主席，当选亚洲及太平洋区域和平联络委员会主席。长期致力于妇幼保护与福利工作，为之倾注了毕生心血。1981年5月宋庆龄加入中国共产党，并由五届全国人大常委会授予中华人民共和国名誉主席荣誉称号。1981年5月29日20时18分，宋庆龄在北京逝世，终年90岁。

宋庆龄同志在海边、儿童与和平

1993-2《宋庆龄同志诞生一百周年》1993.1.20 发行

宋庆龄同志在讲话、宋庆龄像

J.82《中华人民共和国名誉主席宋庆龄同志逝世一周年》1982.5.29 发行

三、中国共产党成立六十周年

1981 年是中国共产党成立六十周年。1981 年 7 月 1 日，中国人民邮政发行《中国共产党成立六十周年》邮票。

党徽

J.64《中国共产党成立六十周年》1981.7.1 发行

四、《祖国风光》邮票

我们伟大的祖国拥有 960 多万平方千米的陆地国土和约 300 万平方千米的海洋国土。在这片广袤的国土上，群山气势如虹、险峰利剑插天、江河奔流入海、湖泊璨如明珠、平原麦浪滚滚、草原牛羊成群、岛礁星罗棋布、沙海浩瀚无垠、森林耸入云端……可谓"江山如此多娇"。1981 年 9 月 1 日发行的《祖国风光》邮票，以雕刻版印制，再现了祖国美丽的自然风光和名胜古迹。

西双版纳、华山、泰山、黄果树瀑布
海南风光、苏州虎丘、万里长城、东北林海

天山、内蒙古草原、石林

台湾半屏山、珠穆朗玛峰、广东七星岩

长江三峡、桂林山水、黄山

普 21《祖国风光》1981.9.1 起发行

五、国防和军队建设新的历史时期

党的十一届三中全会后，国防和军队建设也进入一个新的历史时期。1980 年 9 月至 10 月间，全军高级干部防卫作战研究班对积极防御战略进行深入研究，此后人民解放军的军事战略方针由"积极防御、诱敌深入"改为"积极防御"。1981 年 9 月 19 日，邓小平明确提出要建设强大的现代化正规化革命军队的总目标。精简整编后，当年年底军队员额便从 602.4 万人减至 450 万人。

中央军委主席邓小平
1998-3《中国社会主义改革开放和现代化建设的总设计师邓小平同志逝世一周年》1998.2.19 发行

六、中国女排首获世界冠军

1981 年 11 月 7 日至 16 日，中国女排在日本大阪举行的第三届世界杯女子排球赛上，以七战七捷的不败战绩，率先实现了中国三大球项目世界冠军零的突破，首次荣获世界冠军并由此开启夺冠之门。

顽强拼搏、为国争光
J.76《中国女排获第三届世界杯冠军》
1981.12.21 发行

1982年

一、中央"1号文件"支持农村改革

中国的改革首先在农村取得突破性进展。早在党的十一届三中全会召开之前，有些地方的农村基层干部和农民就冲破旧有体制的束缚与限制，自发采取了包干到组等积极调动农民生产积极性的做法。特别是安徽省凤阳县梨园公社小岗村18户农民"包干到户"的大胆尝试，更是揭开了我国农村与农业改革的序幕，具有伟大的划时代意义。1982年1月1日，中共中央发出第一个"1号文件"，批转《全国农村工作会议纪要》，肯定包产到户等各种生产责任制都是社会主义集体经济的生产责任制。可喜的是，农村改革在推进过程中没有搞一刀切，而是因地制宜，尊重广大群众的选择，允许多种形式的责任制并存。

中国邮政明信片
Postcard
The People's Republic of China

农 村 改 革 发 源 地 —— 小 岗 村

邮政编码

JP153 (1—1) 2008

高举旗帜

JP153《农村改革发源地——小岗村》2008.12.18 发行

二、中国共产党第十二次全国代表大会

1982 年 9 月 1 日至 11 日，中国共产党第十二次全国代表大会在北京举行。邓小平在开幕词中提出"走自己的道路，建设有中国特色的社会主义"这一重大命题。

中国共产党第十二次全国代表大会
J.86《中国共产党第十二次全国代表大会》1982.9.1 发行

三、《中华人民共和国宪法》（1982）公布实施

1980 年 9 月，五届全国人大三次会议接受中共中央建议，决定成立《中华人民共和国宪法》修改委员会，主持修改《宪法》。1982 年 11 月 26 日五届全国人大五次会议召开，于 12 月 4 日通过新的《中华人民共和国宪法》。会议还撤销了五届全国人大一次会议关于国歌的决定，恢复田汉作词的《义勇军进行曲》为中华人民共和国国歌。2014 年 11 月 1 日，十二届全国人大常委会第十一次会议将 12 月 4 日这一天设立为"国家宪法日"。

中华人民共和国宪法（1982）
1992-20《中华人民共和国宪法》1992.12.4 发行

现行宪法公布施行三十周年
2012-31《现行宪法公布施行三十周年》2012.12.4 发行

*1983*年

一、中国人民武装警察部队总部成立

1982 年 6 月 19 日，中共中央决定将中国人民解放军的内卫部队，公安系统实行义务兵役制的武装、边防、消防警察，统一组建为中国人民武装警察部队。1983 年 4 月 5 日，武警部队总部正式成立，此后原隶属基建工程兵的水电、交通、黄金部队，以及森林警察部队也先后列入武警部队序列。

国门卫士
1998-4《中国人民警察》1998.2.28 发行

二、六届全国人大一次会议

1983 年 6 月 6 日至 21 日，六届全国人大一次会议在北京召开。这是按照新《宪法》选举产生的首届全国人民代表大会。会议审议通过了《政府工作报告》，审查和批准了国民经济和社会发展计划、国家决算。

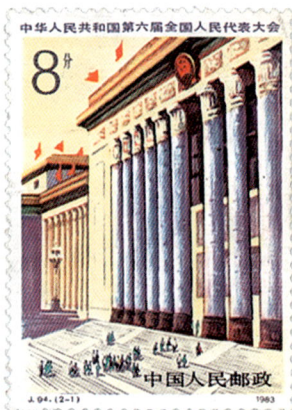

人民大会堂、国歌
J.94《中华人民共和国第六届全国人民代表大会》1983.6.6 发行

三、中国妇女第五次全国代表大会

    中国妇女第五次全国代表大会于 1983 年 9 月 2 日至 11 日在北京召开，来自全国 56 个民族和社会主义建设各条战线的 1947 名正式代表和 64 名特邀代表出席了大会。邓颖超代表党中央向大会致辞，阐述了新时期中国妇女运动的光荣使命。全国妇联主席康克清在大会上作题为《奋发图强，开创妇女运动新局面》的工作报告。大会修改并通过了《中华全国妇女联合会章程》，选举康克清为中华全国妇女联合会第五届执行委员会主席。中华全国妇女联合会成立于 1949 年 4 月 3 日，是全国各族各界妇女为争取进一步解放与发展而联合起来的群团组织，是中国共产党领导下的人民团体，是党和政府联系妇女群众的桥梁和纽带，是国家政权的重要社会支柱。

中国妇女第五次全国代表大会
J.95《中国妇女第五次全国代表大会》
1983.9.1 发行

医务工作者
普 8《工农兵》
1956.12.25 发行

女拖拉机手
普无号《工农兵和革命圣地
图案普通邮票》
1970.4.1 发行

纺织工业、机械工业、建筑工业、学习毛主席著作、女民兵
特 71《工业战线上的妇女》1965.11.30 发行

一切工作都是为了革命、服务员
农村卫生员、保育员
清洁员、理发员
汽车服务员、背篓商店售货员
食堂服务员、乡村邮递员
特75《服务行业中的妇女》1966.5.10 发行

一、邓小平视察经济特区

改革开放特别是党的十二大以后，经济特区呈现出强劲发展势头，但经济特区在发展中出现的一些诸如走私贩私等严重问题也引发责难和非议。在经济特区建设艰难推进之际，1984 年 1 月 22 日至 2 月 17 日，邓小平视察了深圳、珠海、厦门 3 个经济特区和广州、上海，充分肯定试办经济特区和对外开放的决策，指出"我们建立经济特区，实行开放政策，有个指导思想要明确，就是不是收，而是放"。邓小平的南方之行和对经济特区的肯定，使对外开放迎来新的机遇。5 月 4 日，中共中央、国务院批转《沿海部分城市座谈会纪要》，决定进一步开放大连等 14 个沿海港口城市。这是发挥沿海大中港口城市优势、扩大对外开放、加速现代化建设的重要决策与步骤。

金融中心区、中国国际高新技术成果交易会展览中心
盐田港区、深圳湾旅游区、蛇口工业区

2000–16《深圳经济特区建设》2000.8.26 发行

二、第二十三届奥运会中国金牌零的突破

　　1984 年 7 月 28 日，第二十三届奥运会在美国洛杉矶纪念体育场开幕。虽然有苏联等 19 个国家进行抵制拒绝参加，还是有包括中国在内的 140 个国家和地区，组团参加了 21 个大项的竞赛，使之成为截至当时参赛国家和地区最多的一届奥运会。中国射击运动员许海峰在男子手枪 60 发慢射比赛中，以 566 环的成绩夺得本届奥运会第一枚金牌，这是中国奥运史上实现零的突破的首枚金牌，可谓一枪鸣响中国奥运新篇章，国际奥委会主席萨马兰奇先生亲自为他颁奖。在这届奥运会上，中国体育代表团获得 15 金、8 银、9 铜的成绩，位列奖牌榜第四名。

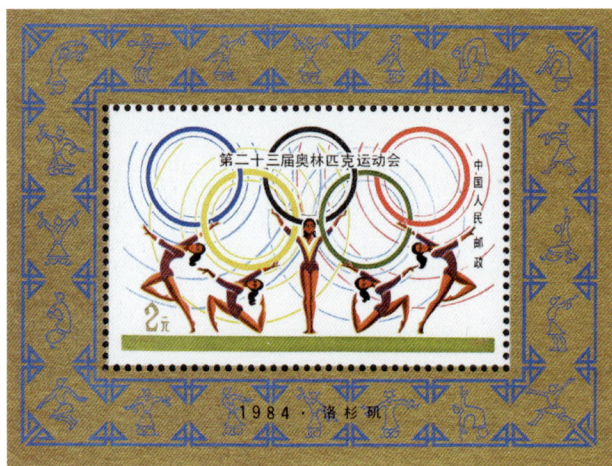

小型张
射击、跳高、举重、体操、排球、跳水
J.103《第二十三届奥林匹克运动会》1984.7.28 发行

三、中华人民共和国成立三十五周年

　　为庆祝中华人民共和国成立三十五周年，1984 年 10 月 1 日，天安门广场举行了规模宏大的阅兵式和盛大的群众游行。当晚，天安门广场举行联欢晚会。中国人民邮政于当日发行《中华人民共和国成立三十五周年》邮票。

壮丽的图景、希望的田野
光辉的前程
科学的春天、保卫你——祖国
J.105《中华人民共和国成立三十五周年》1984.10.1 发行

1985年

一、中国南极长城站建成

　　1984年11月19日，中国第一支南极科学考察队乘中国自主设计、制造的"向阳红10号"从上海启碇驶向南极，开始了创造历史的远航。1985年2月15日，中国第一个南极科考站——长城站在南极乔治王岛建成。此后，中国在南极大陆又相继建成中山站、昆仑站和泰山站，并取得一批令世人瞩目的丰硕成果。

南极科学考察

2014-28《中国极地科学考察三十周年》2014.11.20发行

二、《中共中央关于科学技术体制改革的决定》

　　1985年3月13日，中共中央从我国实际出发，作出《关于科学技术体制改革的决定》，强调经济建设必须依靠科学技术、科学技术工作必须面向经济建设的战略方针。其基本精神是促进技术成果商品化，加快技术成果向生产力的转化，以适应社会主义商品经济发展的需要。科技体制改革后，依靠科学技术促进农村经济发展的星火计划、发展高新技术产业的火炬计划先后付诸实施。不久，每秒一亿次的"银河"计算机系统、北京正负电子对撞机及重离子加速器、同步辐射实验室等一批具有世界先进水平的高科技成果相继诞生。

科技之光

2001-1《世纪交替　千年更始——迈入21世纪》2001.1.1发行

三、《中共中央关于教育体制改革的决定》

　　1985 年 5 月 27 日，中共中央作出《关于教育体制改革的决定》（简称《决定》）。指出教育体制改革的目的，是使各级各类教育能够主动适应经济社会发展的多方面需求。《决定》极大地激发了地方和社会办教育的积极性，办学自主权的扩大让各级地方政府对教育的投入逐年增加，九年义务教育也有计划分步骤实施起来。此前，1 月 21 日，六届全国人大常委会九次会议通过议案，确定每年 9 月 10 日为我国教师节。教师节是我国第一个职业性节日，它的设立使教师的社会地位得到空前的提升，教师成为最受人们尊崇的职业之一，由此在全社会形成尊师重教的良好氛围。

教师节

J.131《教师节》1986.9.10 发行

放飞希望、师恩难忘

2014–19《教师节》2014.9.10 发行

四、上海宝山钢铁总厂一期工程投产

  1978 年 12 月 23 日，主体设备从日本、联邦德国引进的上海宝山钢铁总厂（宝钢集团有限公司），在上海东北部的长江口破土动工。1985 年 11 月一期工程建成投产，1992 年 4 月二期工程建成投产，2001 年 5 月三期工程通过竣工验收。作为我国规模最大、设备最先进、最具竞争力的钢铁企业，年产钢 3000 万吨、赢利居世界领先地位、产品畅销国内外市场的宝钢集团有限公司，立足于生产高技术含量、高附加值钢铁产品，目前已形成普碳钢、不锈钢、特钢三大产品系列，其质量不输国际同类产品。

上海宝山钢铁总厂
T.128《社会主义建设成就》（第一组）1988.9.2 发行

一、 "863" 计划

　　1986 年 3 月 3 日，王大珩、王淦昌、杨嘉墀、陈芳允等科学家向中共中央提出要跟踪世界先进水平、发展高技术的建议。11 月 18 日中共中央、国务院转发后来被称为 "863" 计划的《高技术研究发展计划纲要》，提出了生物技术、航天技术、信息技术等 7 个领域中的 15 个主题项目，作为我国发展高科技的重点。朱光亚为计划的总负责人。1991 年，邓小平挥笔为 "863" 计划工作会议题词："发展高科技，实现产业化。""863" 计划的实施有力地推动了我国科技事业的发展。2016 年，随着国家重点研发计划的出台，"863" 计划完成了其历史使命。

王淦昌、朱光亚

2014–25《中国现代科学家（六）》2014.10.16 发行

二、《中华人民共和国土地管理法》颁布

　　土地是人类生产与生活不可缺少的自然资源。1986 年 6 月 25 日，六届全国人大常委会十六次会议通过并颁布了我国第一部专门调整土地关系的《中华人民共和国土地管理法》，并于次年 1 月 1 日开始实施。为适应建设形势的飞速发展，《中华人民共和国土地管理法》已经过 4 次修订日趋完善，发挥出加强土地管理，维护土地的社会主义公有制，保护、开发土地资源，合理利用土地，切实保护耕地，促进社会经济可持续发展的法律作用。为宣传珍惜、合理利用土地和切实保护耕地的基本国策，1991 年 5 月 24 日国务院第 83 次常务会议决定，把每年的 6 月 25 日即《中华人民共和国土地管理法》颁布的日期确定为"全国土地日"。这是国务院确定的第一个全国纪念宣传日，中国是世界上第一个为保护土地而专门设立纪念日的国家。

合理利用土地、保护耕地
1996-14《珍惜土地》
1996.6.25 发行

第二次全国土地调查
2008-15《第二次全国土地调查》
2008.6.25 发行

三、卫星通信网建设

卫星通信网是由一个或数个通信卫星和指向卫星的若干地球站组成的通信网。1985 年我国开始租用国际通信卫星组织的印度洋上空卫星的半球波速转发器，进行卫星电视传送和对边远地区的电报电话通信。1986 年 7 月 8 日我国国内卫星通信网建成，主要承担广播电视节目传送、组织干线卫星通信电路、组织 VSAT 网等任务。

"天地同音"：地面接收站、"玉宇明灯"：同步通信卫星

T.108《航天》1986.2.1 发行

四、经济技术开发区建设

为进一步扩大对外开放，中共中央、国务院于 1986 年 2 月发出通知，批准将长江三角洲、珠江三角洲和闽南厦漳泉三角地区划为沿海经济开放区，从而使我国的对外开放初步形成从经济特区到沿海开放城市再到沿海经济开放区这样一个多层次、有重点、点面结合的对外开放新格局，在沿海形成包括两个直辖市在内的对外开放前沿地带。1986 年 8 月 21 日，邓小平视察了刚刚起步、百业待兴的天津经济技术开发区。在听取开发区工作汇报后，邓小平欣然题词"开发区大有希望"。依托京津、辐射三北，以"21 世纪现代化国际工业新城区"为目标的天津经济技术开发区，已成为中国乃至亚洲最具吸引力的投资区域。

中国经济技术开发区二十周年

2004-9《中国经济技术开发区二十周年》2004.5.4 发行

五、孙中山先生诞生一百二十周年

　　孙中山（1866—1925），广东香山（今中山）人，中国近代伟大的民主革命家。1894年他在檀香山组织兴中会提出"振兴中华"的口号。1905年在日本东京组成中国同盟会被推为总理，确定"驱逐鞑虏，恢复中华，建立民国，平均地权"的资产阶级革命政纲，提出三民主义学说，创办《民报》宣传革命。1911年10月10日武昌起义，孙中山被17省代表推举为中华民国临时大总统，于1912年1月1日在南京宣誓就职。2月13日因革命党人与袁世凯妥协而被迫请辞。1923年就任非常大总统，1924年在中国国民党第一次全国代表大会上通过宣言，实行联俄、联共、扶助农工三大政策，把旧三民主义发展为新三民主义。

孙中山诞生一百二十周年
J.133M《孙中山诞生一百二十周年》小型张
1986.11.12 发行

*1987*年

一、国际禁毒日

　　1987 年 6 月 26 日，在奥地利首都维也纳举行的联合国部长级禁毒国际会议提出了"爱生命，不吸毒"的口号，138 个国家的 3000 多名代表一致通过决议，从 1988 年开始将每年的 6 月 26 日定为"国际禁毒日"，以引起全世界对毒品问题的重视，同时号召全球人民共同来解决毒品问题。禁毒是我国的一项基本国策。1990 年 11 月中国成立了国家禁毒委员会，12 月 28 日七届全国人大常委会十七次会议通过了《全国人民代表大会常务委员会关于禁毒的决定》。2007 年 12 月 29 日十届全国人大常委会三十一次会议通过了《中华人民共和国禁毒法》。2019 年 6 月 3 日是民族英雄林则徐虎门销烟 180 周年纪念日，禁毒卡通形象阿牛在北京发布。

虎门销烟

J.115《林则徐诞生二百周年》1985.8.30 发行

国际禁毒日

2017-15《国际禁毒日》2017.6.26 发行

二、中国人民解放军建军六十周年

　　1987 年 8 月 1 日是中国人民解放军建军六十周年。为此，中国人民邮政发行《中国人民解放军建军六十周年》邮票。

军魂、陆军战士、海军战士、空军战士
J.140《中国人民解放军建军六十周年》1987.8.1 发行

三、中国共产党第十三次全国代表大会

　　1987 年 10 月 25 日至 11 月 1 日，中国共产党第十三次全国代表大会在北京举行。大会通过的报告《沿着有中国特色的社会主义道路前进》，阐述社会主义初级阶段理论，提出党在社会主义初级阶段的基本路线，制定到 21 世纪中叶分三步走、实现现代化的发展战略。大会通过《中国共产党章程部分条文修正案》。

中国共产党第十三次全国代表大会
J.143《中国共产党第十三次全国代表大会》1987.10.25 发行

四、《曾侯乙编钟》邮票

1987 年 12 月 10 日，中国人民邮政发行《曾侯乙编钟》特种邮票小型张。曾侯乙编钟是战国早期曾国国君的一套大型礼乐重器，国家一级文物，1978 年在湖北随县（今随州）擂鼓墩曾侯乙墓出土。现藏于湖北省博物馆，为该馆"镇馆之宝"。曾侯乙编钟钟架长 748 厘米，高 265 厘米，全套编钟共 65 件，分 3 层 8 组悬挂在呈曲尺形的铜木结构钟架上。它是中国迄今发现数量最多、保存最好、音律最全、气势最宏伟的一套编钟，代表了中国先秦礼乐文明与青铜器铸造技术的最高成就。

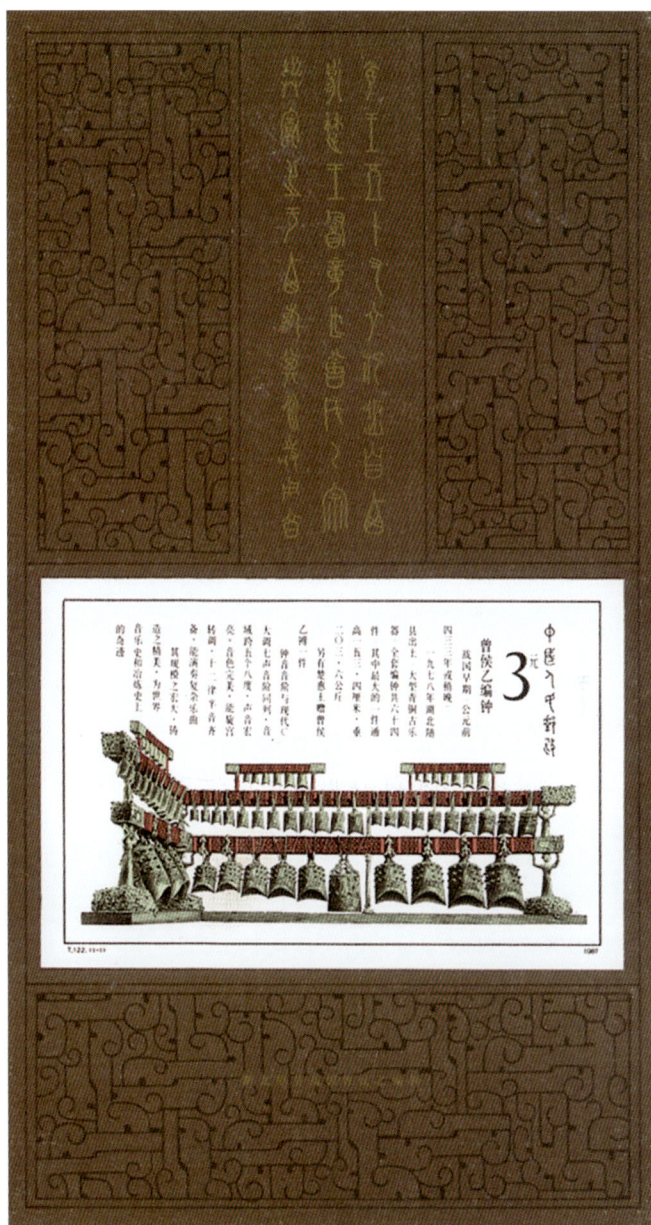

曾侯乙编钟

T.122M《曾侯乙编钟》小型张 1987.12.10 发行

五、六处中国遗产首次列入世界遗产名录

　　1987 年 12 月 11 日，在巴黎联合国教科文组织世界遗产委员会第 11 届全体会议上，长城、泰山、秦始皇陵兵马俑、周口店北京人遗址、故宫、敦煌莫高窟等六处中国遗产首次被列入《世界遗产名录》。其中泰山为世界自然与文化双重遗产，其余 6 处为世界文化遗产。

　　长城：约公元前 220 年，秦始皇将早些时候的一些断续的防御工事连接成一个完整的防御系统，用以抵抗来自北方的侵略。明代又继续加以修筑，使长城成为世界上最长的军事设施。它在文化艺术上的价值，足以与其在历史和战略上的重要性相媲美。

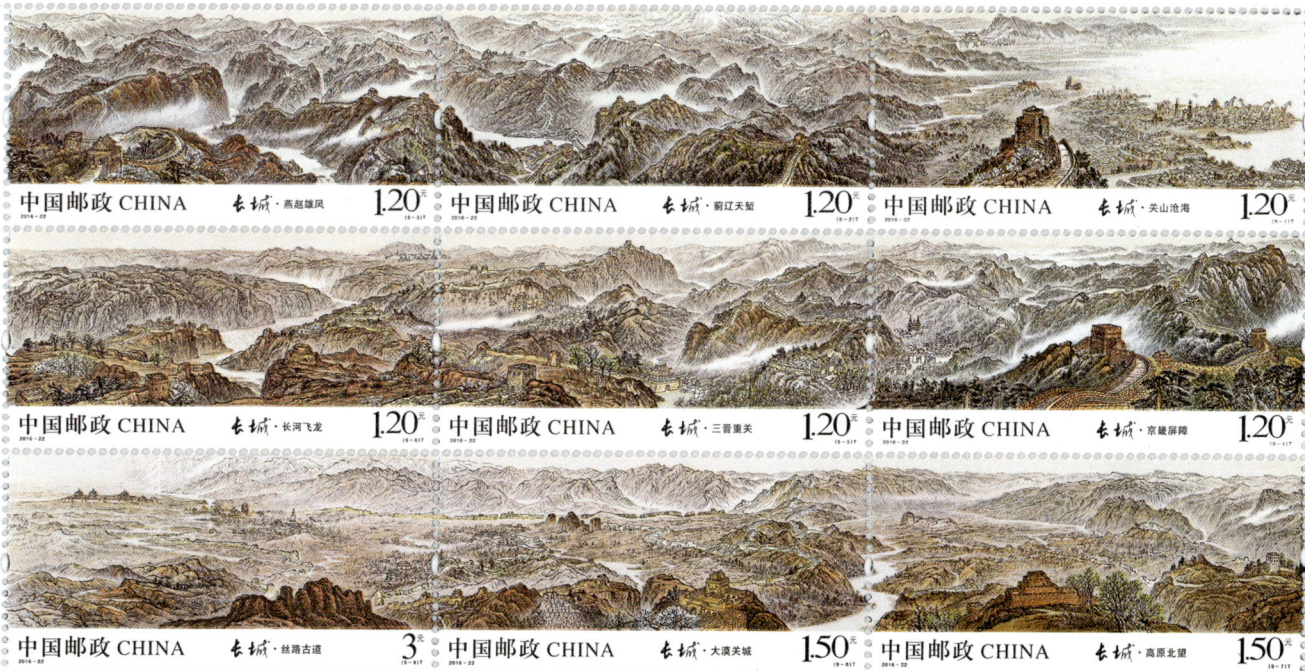

燕赵雄风、蓟辽天堑、关山沧海
长河飞龙、三晋重关、京畿屏障
丝路古道、大漠关城、高原北望
2016–22《长城》2016.8.20 发行

泰山：泰山是中国第一个也是世界第一个世界自然与文化双重遗产。庄严神圣的泰山，2000 年来一直是帝王朝拜的对象，其山中的人文杰作与自然景观完美和谐地融合在一起。泰山一直是中国艺术家和学者的精神源泉，是古代中国文明和信仰的象征。

岱庙晴雪、盘道通天
大观雄峰、云海日出
T.130《泰山》1988.9.14 发行

秦始皇陵兵马俑：第一位统一中国的皇帝秦始皇，崩于公元前 210 年。结构复杂的秦始皇陵是仿照其生前的都城——咸阳的格局而设计建造的。在他陵墓周围围绕着数量众多的陶俑。陶俑形态各异，连同他们的战马、战车和武器，成为现实主义的完美杰作，同时也具有极高的历史价值（图见 90 页《秦始皇陵兵马俑》）。

北京人复原像
J.180《第十三届国际第四纪研究联合会大会》1991.8.2 发行

周口店遗址：周口店遗址位于北京城西南约 50 公里处的房山区境内，这里自然资源丰富，气候温暖宜人，是 70 万至 20 万年前的北京人、20 万至 10 万年前的第 4 地点早期智人、约 4.2 万至 3.85 万年前的田园洞人、3 万年前左右的山顶洞人生活的地方。周口店遗址是举世闻名的人类化石宝库和古人类学、考古学、古生物学、地层学、年代学、环境学及岩溶学等多学科综合研究基地。

故宫：中国明清时期的最高权力中心，它以园林景观和容纳了家具及工艺品的 9000 多个房间的庞大建筑群，成为中国文明无价的历史见证。

丹阙凌云、太和晴旭、乾坤交泰、琼苑春晖

J.120《故宫博物院建院六十周年》1985.10.10 发行

敦煌莫高窟：敦煌莫高窟地处丝绸之路的一个战略要点。它不仅是东西方贸易的中转站，也是宗教、文化和知识的交汇处。莫高窟的 492 个小石窟和洞穴庙宇以其雕像和壁画闻名于世，展示了延续千年的佛教艺术。

交流（莫高窟壁画）

2012–19M《丝绸之路》小型张 2012.8.1 发行

*1988*年

一、中国残疾人联合会成立

　　1988 年 3 月 11 日至 15 日，中国残疾人联合会首届全国代表大会召开，宣告中国残疾人联合会成立，简称中国残联。中国残联的宗旨是：适应社会主义现代化建设的需要，发展残疾人事业；动员社会发扬社会主义人道主义精神，理解、尊重、关心、帮助残疾人，促进残疾人平等参与社会生活；鼓励残疾人坚持爱国主义和乐观主义，自尊、自信、自强、自立，为社会贡献力量。

盲文、哑语、假肢、轮椅

T.105《中国残疾人》1985.3.15 发行

二、七届全国人大一次会议

　　1988 年 3 月 25 日至 4 月 13 日，七届全国人大一次会议举行。会议通过了《政府工作报告》。决定设立海南省、建立海南经济特区；批准国务院机构改革方案。

中华人民共和国第七届全国人民代表大会

J.147《中华人民共和国第七届全国人民代表大会》1988.3.25 发行

三、海南建省办经济特区

　　为了进一步加速海南的开发建设，根据 1988 年 4 月 13 日七届全国人大一次会议关于设立海南省的决定，4 月 26 日，中共海南省委员会和海南省人民政府正式挂牌。海南岛是中国第二大岛，面积 3.39 万平方公里，是中国最大的热带植物资源宝库，盛产橡胶、椰子、甘蔗、咖啡和热带水果。海南岛森林资源丰富，以出产优质热带木材著称。由于四面环海，水产资源十分丰富，盐业也很发达。1988 年 8 月，海南省人民代表会议第一次会议在海口召开，选举产生了海南省人民代表会议常务委员会，代行职权，直至海南省人民代表大会于 1993 年 1 月成立。

五指山、万泉河、天涯海角、鹿回头

J.148《海南建省》1988.4.20 发行

海口城市建设、洋浦经济开发区、三亚凤凰国际机场、亚龙湾国家旅游度假区

1998-9《海南特区建设》1998.4.13 发行

四、中国大龙邮票发行一百一十周年

  1988 年 7 月 2 日，中国大龙邮票发行一百一十周年纪念会在北京召开。大龙邮票专题邮展在中国邮票博物馆开幕。大龙邮票是清朝政府由海关试办邮政首次发行的中国第一套邮票，发行于 1878 年 7 月 24 日。邮票主图是清皇室的象征蟠龙，面值一分银为绿色、三分银为红色、五分银为黄色，全套 3 枚。因大龙邮票分 3 期印刷，根据票幅和纸张等特征，可区分为薄纸大龙、阔边大龙和厚纸大龙。大龙邮票从最初在天津、北京、上海、烟台、牛庄（今属营口）5 个城市使用，之后逐渐扩充到宜昌、厦门、汉口、温州、芜湖、镇江、九江、宁波和大沽（今属天津）共 14 个城市。大龙邮票是中国集邮研究的重要课题。1988 年 7 月 2 日发行的《中国大龙邮票发行一百一十周年》纪念邮票，以三色雕刻版与四色影写版套印的"票中票"形式，再现了大龙邮票的风采。

中国大龙邮票发行一百一十周年

J.150M《中国大龙邮票发行一百一十周年》小型张 1988.7.2 发行

五、"科学技术是第一生产力"

1988 年 9 月 5 日，邓小平在会见外宾时提出了"科学技术是第一生产力"的著名论断。这一论断，体现了马克思主义的生产力理论和科学观，带来了我国科技发展逐步推进、快速提升，一大批国家项目、重点工程先后上马，国家工业化、信息化获得长足进步。尊重科学、尊重人才日益成为社会共识。中国是世界上最大的发展中国家，发展是解决中国所有问题的关键。要发展就必须充分发挥科学技术第一生产力的作用。

航模、学医、天文
生物、气象、船模

从小爱科学

T.41《从小爱科学》1979.10.3 发行

六、北京正负电子对撞机首次对撞成功

1983 年底,党中央、国务院将北京正负电子对撞机工程列入国家重点工程,要求在 5 年内建成,代号为 8312 工程。1988 年 10 月 16 日,我国第一座高能加速器——北京正负电子对撞机首次对撞成功。

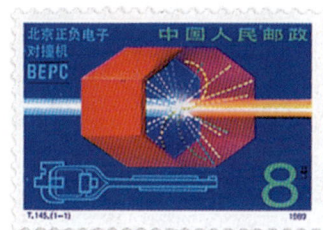

T.145《北京正负电子对撞机》1989.11.1 发行

1989年

一、中华人民共和国成立四十周年

　　1989年9月29日，庆祝中华人民共和国成立四十周年大会在人民大会堂举行，江泽民发表讲话，全面阐述邓小平关于建设有中国特色的社会主义理论的指导意义。10月1日晚，首都各界群众100多万人举行以天安门广场联欢晚会为中心的各种活动，庆祝中华人民共和国成立40周年。邓小平在天安门城楼会见外宾。1989年10月1日，中国人民邮政发行《中华人民共和国成立四十周年》邮票。

天安门、繁花、五星、建设
J.163《中华人民共和国成立四十周年》1989.10.1 发行

中华人民共和国成立四十周年
J.163M《中华人民共和国成立四十周年》小型张 1989.10.1 发行

二、中国运载火箭技术研究院成立三十二周年

　　1957 年 11 月 16 日，国防部五院一分院成立。国务院任命钱学森为国防部五院院长兼一分院院长。这里是中国航天事业的发祥地，是中国历史最久、规模最大的导弹武器和运载火箭研制、试验及生产基地。1989 年 2 月，航空航天部批复同意一分院的第二名称为"中国运载火箭技术研究院"。1989 年 11 月 16 日，为纪念中国运载火箭技术研究院成立三十二周年发行邮票《国防建设——火箭腾飞》。

开进、检测、发射、飞行
T.143《国防建设——火箭腾飞》1989.11.15 发行

*1990*年

一、上海市浦东新区加快开发开放

　　1990 年 4 月 12 日，中共中央政治局会议原则通过国务院提交的上海市加快浦东开发开放方案。上海浦东新区成为我国首个国家级新区，实行经济技术开发区和某些经济特区的政策。浦东新区为上海市的一个市辖区，因地处黄浦江东而得名。此后，天津滨海、重庆两江等新区陆续批复设立。到 2018 年底，全国共设立 19 个国家级新区。

上海浦东的通信与交通、上海浦东陆家嘴金融贸易区、上海浦东金桥出口加工区
上海浦东张江高科技园区、上海浦东外高桥保税区、上海浦东生活社区

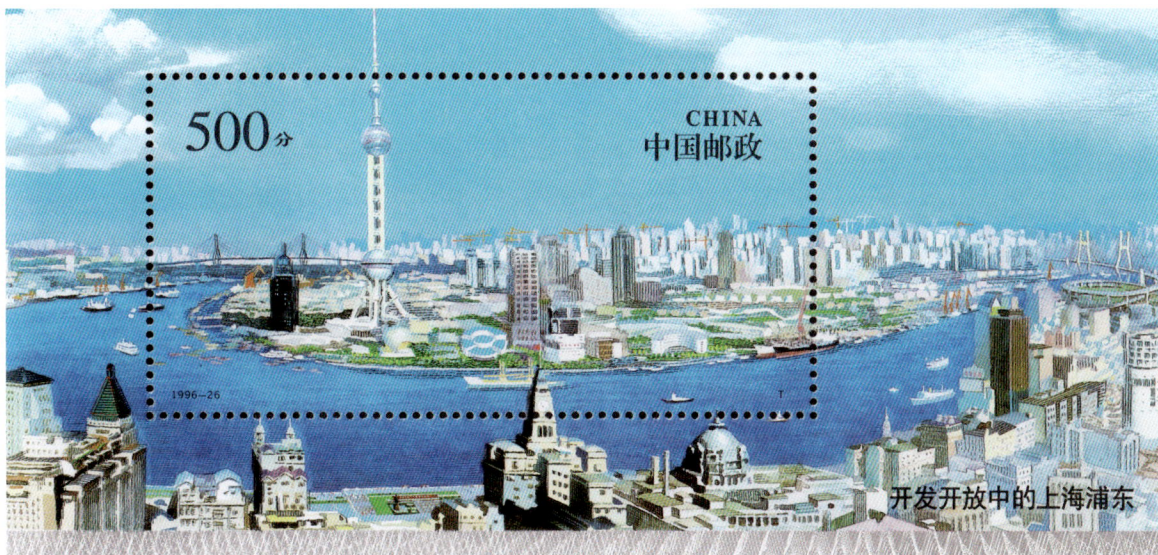

开发开放中的上海浦东
1996–26 T《上海浦东》 1996.9.21 发行

二、沈大高速公路通车

1990 年 9 月 1 日，中国大陆兴建最早的高速公路——沈大高速公路（沈阳—大连）正式通车，全长 375 公里。沈大高速的开通标志着我国高速公路网的建设拉开了序幕。中国国家高速公路网采用放射线与纵横网格相结合布局方案，由 7 条首都放射线、11 条南北纵线和 18 条东西横线组成。

沈大高速公路
T.165《社会主义建设成就（四）》1991.9.20 发行

三、北京第十一届亚洲运动会

　　1990 年 9 月 22 日至 10 月 7 日，第十一届亚洲运动会在北京举行。吉祥物是熊猫盼盼。这是中国第一次承办综合性的国际体育大赛。来自 37 个国家和地区的体育代表团共 6578 人参加了这届亚运会。中国体育代表团获 183 枚金牌、107 枚银牌、51 枚铜牌，金牌数位列榜首。

田径运动、体操、武术、排球
游泳、会徽、吉祥物、射击
大学生体育馆、北郊游泳馆、北京工人体育场、朝阳体育馆
J.172《第十一届亚洲运动会》1—3 组全张 1990.9.22 发行

四、江苏仪征化纤工程全面建成投产

1990 年 11 月 12 日，江苏仪征化纤工程全面建成投产。江苏仪征化纤工程是国家"六五"至"十五"计划期间重点建设项目，生产装置分别从德国、日本、意大利和法国等国家引进，通过不断的技术改造，工艺技术达到业内先进水平。主要从事生产及销售聚酯切片和涤纶纤维业务，并生产聚酯主要原料精对苯二甲酸，是中国最大、世界第四大聚酯生产商。

仪征化纤工业联合公司

T.152《社会主义建设成就（三）》1990.6.30 发行

五、上海证券交易所成立

1990 年 11 月 26 日，位于上海浦东新区的上海证券交易所正式成立。12 月 19 日上海证券交易所开业。1991 年 7 月 3 日，深圳证券交易所正式开业。

发展资本市场

2010–30《中国资本市场》2010.12.12 发行

六、黄山列入世界自然和文化遗产名录

　　1990年12月12日，黄山被联合国教科文组织列入"世界自然和文化遗产名录"。黄山以"震旦国中第一奇山"而闻名。2004年入选首批世界地质公园，成为同时获得世界文化和自然遗产以及世界地质公园三项荣誉的旅游胜地。《黄山风景》邮票在1980年的30年最佳邮票评选中被评为最佳特种邮票。

玉屏峰、迎客松、后海松石、清凉台
天都远眺、剪刀峰、万松林、梦笔生花

莲花峰、西海云潮、黄山古松、东海观潮

石笋峰、石猴观海、狮子林、蓬莱三岛

特 57 《黄山风景》 1963.10.15 发行

1991年

一、中国共产党成立七十周年

1991年是中国共产党成立七十周年。为此，中国人民邮政发行《中国共产党成立七十周年》邮票。

中共"一大"南湖会议会址

光辉的七十年

J.178《中国共产党成立七十周年》1991.7.1 发行

二、一方有难 八方支援

1991年夏秋，中国共有 18 个省、自治区、直辖市发生水灾，5 个省、自治区发生严重水灾，尤其是安徽、江苏两省发生了严重的洪涝灾害。2000 多万人被围困，各种基础设施直接经济损失 450 亿元。"一方有难，八方支援"，水火无情人有情。面对自然灾害，中国各级政府调动一切财力和物力，组织人民群众、当地驻军、民兵和各行各业的干部职工 6000 多万人，展开了规模巨大的抗洪救灾斗争，全力保卫大江大河和水库堤防的安全，防止灾害扩大。对被洪水围困的群众进行抢救、转移和安置。迅速排水，抢种农作物和抢修生命线工程。在自力更生、艰苦奋斗的基础上，向国际社会发出呼吁。据不完全统计，国内外提供捐款 25 亿多美元，物资价值约 4000 万美元，对帮助灾民战胜困难发挥了重要作用。

赈灾

T.168《赈灾》1991.9.14 发行

三、进一步加强农业和农村工作

1991 年 11 月 25 日至 29 日，中国共产党第十三届八中全会召开，通过《中共中央关于进一步加强农业和农村工作的决定》，强调稳定和完善党在农村的基本政策，继续深化农村改革。决定把以家庭联产承包为主的责任制、统分结合的双层经营体制作为我国乡村集体经济组织的一项基本制度长期稳定下来，并不断充实完善。到 20 世纪末确保粮食总产量达到 5000 亿公斤，农村国民生产总值再翻一番。随着承包制的进一步推行，个人付出与收入挂钩，使农民生产的积极性大大增强，解放了农村生产力。

江南小镇、新菜上市、喂牛、看电影

T.118《今日农村》1987.6.25 发行

四、秦山核电站并网发电

1991 年 12 月 15 日，秦山核电站并网发电。这是新中国第一座自行设计建造和运营管理的 30 万千瓦压水堆核电站，地处浙江省嘉兴市海盐县。秦山核电站 1994 年 4 月投入商业运行，1995 年 7 月通过国家验收，实现了中国大陆核电"零的突破"，为我国经济建设贡献了很大力量。

秦山核电站

T.152《社会主义建设成就（三）》1990.6.30 发行

五、海峡两岸达成"九二共识"

　　1991年12月16日，海峡两岸关系协会成立，汪道涵任会长，荣毅仁任名誉会长。1992年11月，海峡两岸关系协会与台湾方面的海峡交流基金会进行两岸事务性商谈，就解决两会事务性商谈中如何表明坚持一个中国原则的态度问题以口头方式表述"海峡两岸均坚持一个中国原则"达成共识，后被称为"九二共识"。

台北府城北门、台南孔子庙、鹿港龙山寺
台南二鲲身炮台、澎湖天后宫
2005-3《台湾古迹》2005.1.30 发行

闽江胜景、会展中心、厦门港口、闽台缘博物馆
2008-14《海峡西岸建设》2008.6.18 发行

*1992*年

一、邓小平南方谈话

1992 年 1 月 18 日至 2 月 21 日，邓小平视察武昌、深圳、珠海、上海等地并发表重要谈话，科学总结了十一届三中全会以来党的基本实践探索和基本经验，从理论上深刻回答了长期困扰和束缚人们思想的许多重大问题。南方谈话是把改革开放和现代化建设推向新阶段的又一个解放思想、实事求是的宣言书。

南方谈话
2014–17《邓小平同志诞生
一百一十周年》2014.8.22 发行

二、中国共产党第十四次全国代表大会

1992 年 10 月 12 日至 18 日，中国共产党第十四次全国代表大会召开。江泽民代表第十三届中央委员会作《加快改革开放和现代化建设步伐，夺取有中国特色社会主义事业的更大胜利》的报告。10 月 19 日，中共十四届一中全会选举江泽民为中央委员会总书记；决定江泽民为中央军事委员会主席；批准尉健行为中央纪律检查委员会书记。

1992–13《中国共产党第十四次
全国代表大会》1992.10.12 发行

三、新亚欧大陆桥开通

新亚欧大陆桥，是从中国江苏连云港市，到荷兰鹿特丹港口、比利时安特卫普等港口的铁路联运线。大陆桥途经山东、江苏、河南、安徽、陕西、甘肃、山西、四川、宁夏、青海、新疆 11 个省、区，89 个地、市、州的 570 多个县、市，到中俄边界的阿拉山口出国境。出国境后可经 3 条线路抵达荷兰的鹿特丹港。中线与俄罗斯铁路友谊站接轨，进入俄罗斯铁路网，途经阿克斗亚、切利诺格勒、古比雪夫、斯摩棱斯克、布列斯特、华沙、柏林达荷兰的鹿特丹港，全长 10900 公里，辐射世界 30 多个国家和地区。

亚欧大陆桥是指以横跨亚欧大陆的铁路运输系统为中间桥梁，把大陆两端的海洋连接起来，实现海陆联运的一种运输方式，属于国际联合运输的范畴。

义乌、马德里

2019-13《中欧班列（义乌—马德里）》2019.6.15 发行

1993年

一、八届全国人大一次会议

　　1993 年 3 月 15 日至 31 日，中华人民共和国第八届全国人民代表大会第一次会议在北京召开。李鹏作《政府工作报告》。会议通过了《中华人民共和国宪法修正案》，通过了《全国人民代表大会关于设立中华人民共和国澳门特别行政区的决定》《中华人民共和国澳门特别行政区基本法》《关于授权全国人民代表大会常务委员会设立香港特别行政区筹备委员会准备工作机构的决定》等。会议选举乔石为全国人大常委会委员长，江泽民为国家主席、国家军委主席，荣毅仁为国家副主席，决定李鹏为国务院总理。

中华人民共和国第八届全国人民代表大会
1993-4《中华人民共和国第八届全国人民代表大会》1993.3.15 发行

二、关于金融体制改革的决定

　　1993 年 12 月 25 日，国务院作出《关于金融体制改革的决定》。主要内容有：1.确立强有力的中央银行宏观调控体系；2.建立政策性银行；3.把国家专业银行办成真正的国有商业银行；4.建立统一开放、有序竞争、严格管理的金融市场；5.改革外汇管理体制，协调外汇政策与货币政策；6.正确引导非银行金融机构稳健发展；7.加强金融业的基础建设，建立现代化的金融管理体系。

全球服务
2012-2《中国银行》2012.2.5 发行

普惠金融
2016-4《中国邮政开办 120 周年》2016.3.20 发行

三、毛泽东同志诞生一百周年

　　1993年12月26日，毛泽东同志诞生一百周年纪念大会在北京人民大会堂举行。江泽民发表重要讲话。同日，中国邮政发行《毛泽东同志诞生一百周年》邮票。

毛泽东在陕北、毛泽东在中南海、毛泽东在建国初期

1993-17《毛泽东同志诞生一百周年》1993.12.26 发行

*1994*年

一、《中国二十一世纪议程（草案）》

1994年3月25日，国务院常务会议通过《中国二十一世纪议程（草案）》，确定实施可持续发展战略。《中国二十一世纪议程（草案）》共20章，78个方案领域，提出了促进中国经济、社会、资源、环境以及人口、教育互相协调、可持续发展的总体战略和政策、措施方案。主要内容分为四大部分：1.可持续发展总体战略与政策；2.社会可持续发展；3.经济可持续发展；4.资源的合理利用与环境保护。它是世界上第一个国家级的二十一世纪议程，标志中国正式确立了可持续发展战略。

低碳发展、绿色生活

2010-13《节能减排 保护环境》2010.6.5 发行

二、中国被国际正式承认为真正拥有全功能互联网的国家

1994年4月20日，中国国家计算机与网络设施（NCFC）工程通过美国Sprint公司连入互联网的64K国际专线开通，实现了与互联网的全功能连接。从此中国被国际上正式承认为真正拥有全功能互联网的国家。此事被国家统计公报列为中国1994年重大科技成就之一。

信息交流、电子商务、移动互联网、云计算

2014-6《网络生活》2014.4.20 发行

三、《中华人民共和国自然保护区条例》发布

1994 年 10 月 9 日，国务院发布《中华人民共和国自然保护区条例》。这是为了加强自然保护区的建设和管理，保护自然环境和自然资源制定的。《条例》中所称的自然保护区，是指对有代表性的自然生态系统、珍稀濒危野生动植物物种的天然集中分布区、有特殊意义的自然遗迹等保护对象所在的陆地、陆地水体或者海域，依法划出一定面积予以特殊保护和管理的区域。《条例》规范了自然保护区的管理体制，明确规定了国家级自然保护区、地方级自然保护区、海上自然保护区建立的要求以及自然保护区管理机构的主要职责等。

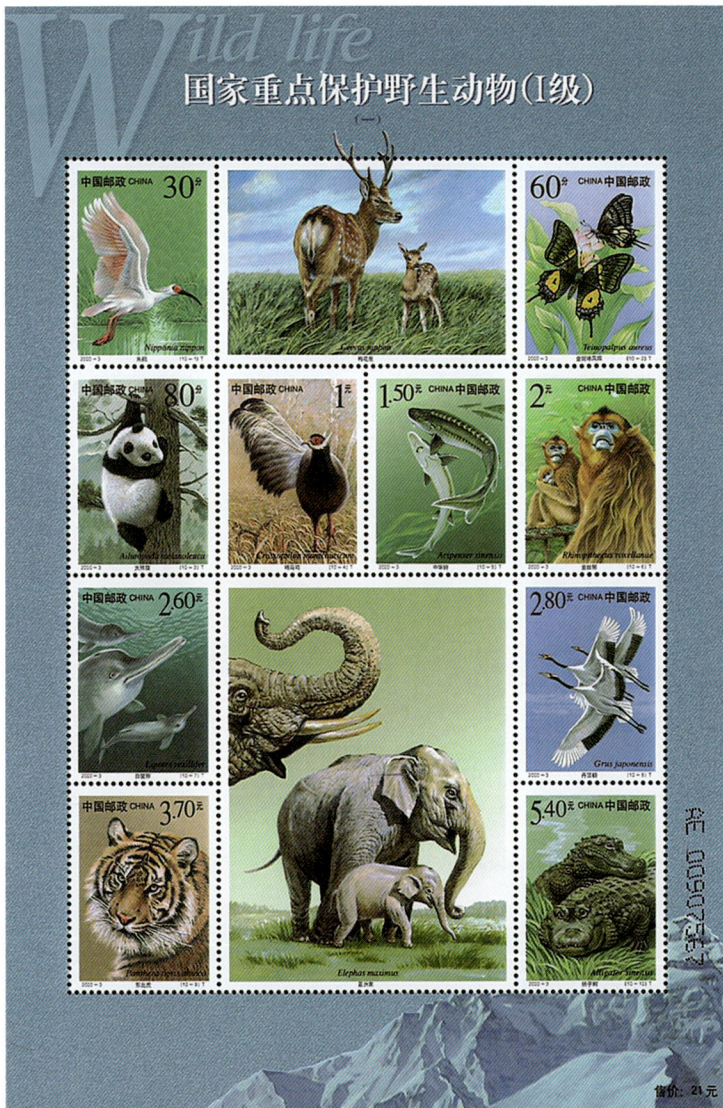

朱鹮、梅花鹿、金斑喙凤蝶
大熊猫、褐马鸡、中华鲟、金丝猴
白鳍豚、亚洲象、丹顶鹤
东北虎、扬子鳄

2000-3 《国家重点保护
野生动物（Ⅰ级）》（一）2000.2.25 发行

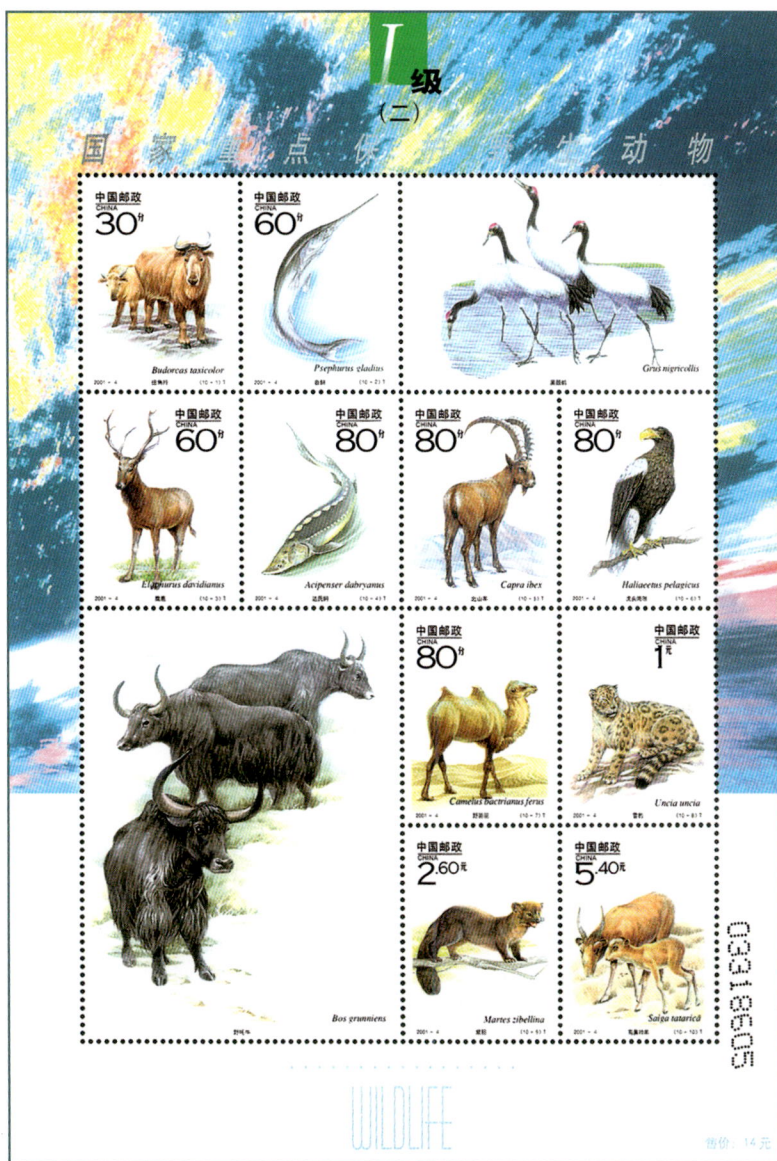

扭角羚、白鲟、黑颈鹤
麋鹿、达氏鲟、北山羊、秃头海雕
野牦牛、野骆驼、雪貂
紫豹、高鼻羚

2001–4《国家重点保护野生动物（Ⅰ级）》（二）2001.3.16发行

*1995*年

一、中国科学考察队首次到达北极点

1995 年 5 月 6 日，中国北极科学考察队的 7 名队员，经 13 天异常艰苦的徒步跋涉胜利到达北极点，把鲜艳的五星红旗插到了北极点上。这次科考任务的圆满完成，填补了我国自然科学研究地域上的空白，证明中国科学家有能力深入北冰洋腹地开展科考观测和取样。部分科研成果及执行情况已提交 1995 年 12 月 21 日在美国召开的第二届国际北极科学大会，为我国加入国际北极科学委员会奠定了基础。

北极科学考察
2014-28《中国极地科学考察三十周年》2014.11.20 发行

二、抗日战争及世界反法西斯战争胜利五十周年

    1945 年 9 月 2 日，日本政府在投降书上签字。2014 年 2 月，全国人大常委会将 9 月 3 日确定为中国人民抗日战争胜利纪念日。

    中国邮政为纪念抗日战争及世界反法西斯战争胜利五十周年，发行纪念邮票。

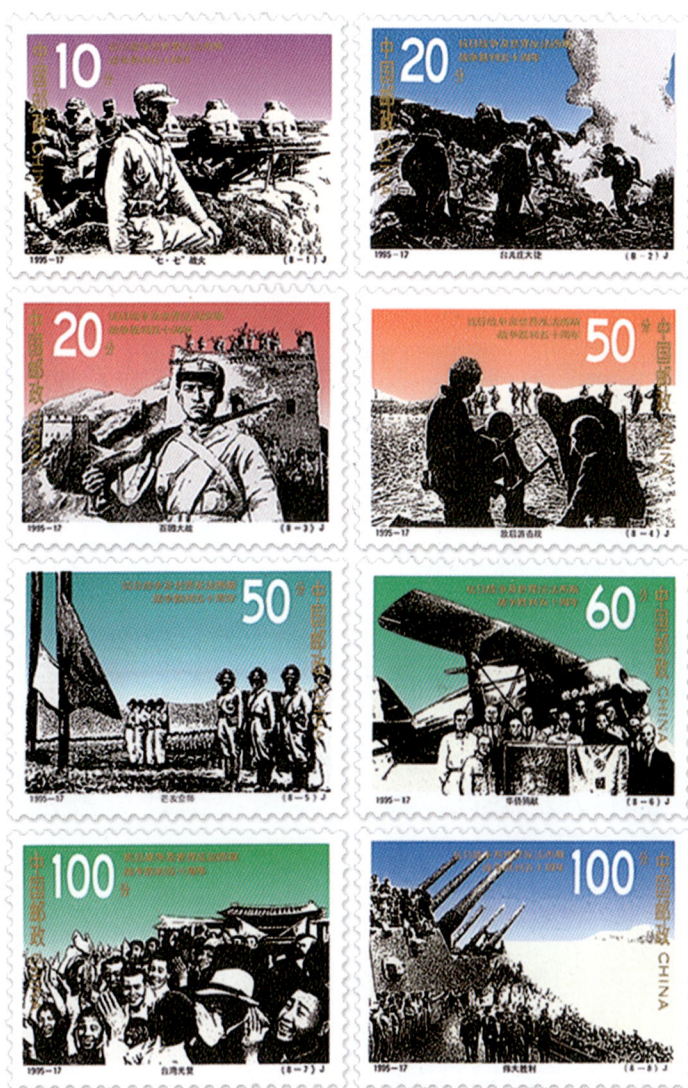

"七·七"战火、台儿庄大捷
百团大战、敌后游击队
芒友会师、华侨捐献
台湾光复、伟大胜利
1995–17《抗日战争及世界反法西斯战争胜利五十周年》1995.9.3 发行

三、联合国第四次世界妇女大会

　　1995 年 9 月 4 日至 15 日，联合国第四次世界妇女大会在北京召开。来自 197 个国家（地区）的领导人和代表共 1.76 万人出席会议。会议主题为：以行动谋求平等、发展与和平。会议通过了具有里程碑意义的《北京宣言》和《行动纲领》。对此后 5 年世界妇女运动的任务、目标做了明确的规定，是团结全世界妇女为实现自身解放而奋斗的宣言书和行动纲领。联合国世界妇女大会是推动世界妇女事业发展的重要平台，第四次世界妇女大会在北京的成功召开，极大地提高了北京和中国妇女的国际声望，标志着中国妇女在国际事务中发挥着日益重要的作用。

平等、发展、和平、友谊

1995-18《联合国第四次世界妇女大会》1995.9.4 发行

1996年

一、中国运动员在亚特兰大奥运会创佳绩

　　1996年7月19日至8月4日，第26届奥运会在美国亚特兰大举行。本届奥运会是奥林匹克大家庭的全家福，197个会员全部出席，参会的运动员增加到10318名。本届比赛中设26个大项、41个分项、271个小项，创下现代奥运会举办以来参赛代表团、参赛人数和比赛项目3项最高纪录。中国派出由495人组成的体育代表团，参加了本届奥运会26个大项中的22个大项、153个小项的比赛，共获得金牌16枚，银牌22枚和铜牌12枚，金牌数和奖牌总数均位列第四。

奥运百年暨第二十六届奥运会

1996-13《奥运百年暨第二十六届奥运会》1996.6.23 发行

二、京九铁路通车

　　1996年9月1日，京九铁路正式通车。京九铁路位于京沪、京广两大南北干线之间，北起北京，南至深圳，连接香港九龙，跨越京、津、冀、鲁、豫、皖、鄂、赣、粤9省市，全长2381公里，另加天津至霸州、麻城至武汉联络线，总长2536公里。京九铁路对于大幅度缓解南北铁路运输紧张状况，完善路网布局，带动沿线地方经济发展和革命老区人民致富，促进对外开放和港澳地区的繁荣，都具有十分重要和深远的战略意义。

北京西站、京九铁路

1996-22《铁路建设》1996.9.1 发行

三、中国工农红军长征胜利六十周年

1996 年 10 月 22 日，中共中央、中央军委隆重集会，纪念中国工农红军长征胜利六十周年。1996 年 10 月 29 日，中国邮政发行《中国工农红军长征胜利六十周年》邮票。

中国工农红军长征胜利六十周年

1996-29《中国工农红军长征胜利六十周年》1996.10.29 发行

四、峨眉山—乐山大佛列入世界文化与自然遗产

1996 年 12 月 6 日，联合国教科文组织世界遗产委员会批准将"峨眉山—乐山大佛"列入世界自然和文化遗产名录。峨眉山又称"大光明山"，位于中国西部四川省的中南部，四川盆地向青藏高原过渡地带，主峰金顶的最高峰万佛顶海拔 3099 米，享有"峨眉天下秀"的美誉。乐山大佛位于峨眉山东麓的栖鸾峰，始凿于唐代开元初年（713 年），历时 90 年才得以完成。大佛通高 71 米，头高 14.7 米，头宽 10 米，发髻 1021 个，耳长 7 米，鼻长 5.6 米，眉长 5.6 米，嘴巴和眼长 3.3 米，颈高 3 米，肩宽 24 米，手指长 8.3 米，从膝盖到脚背 28 米，脚背宽 8.5 米，脚面可围坐百人以上。乐山大佛是世界现存最大的一尊摩崖石像，有"山是一尊佛，佛是一座山"的称誉。

峨眉山麓报国寺、绿荫笼罩雷音寺、古木耸立洪椿坪
朝霞初照洗象池、云托雾漫卧云庵、金顶宝光浮云海

T.100《峨眉风光》1984.11.16 发行

乐山大佛

2003-7M《乐山大佛》小型张 2003.4.28 发行

*1997*年

一、邓小平同志逝世

　　邓小平（1904—1997）同志是全党全军全国各族人民公认的享有崇高威望的卓越领导人，伟大的马克思主义者，伟大的无产阶级革命家、政治家、军事家、外交家，久经考验的共产主义战士，中国社会主义改革开放和现代化建设的总设计师，中国特色社会主义道路的开创者，邓小平理论的主要创立者。1997年2月19日，邓小平同志在北京逝世。

邓小平同志像、解放战争时期的邓小平、和毛泽东同志在一起
中央军委主席邓小平、在新中国成立三十五周年庆典上讲话、一九九二年视察南方发表重要谈话
1998–3《邓小平同志逝世一周年》1998.2.19 发行

二、重庆直辖市正式成立

　　根据 1997 年 3 月八届全国人大五次会议通过的关于批准设立重庆直辖市的决定，6 月 8 日至 15 日，重庆市一届人大一次会议举行。会议听取并审议了市人民政府工作报告；通过了关于"九五"计划和 2010 年远景目标纲要等决议。大会选举产生了重庆市第一届人大常委会主任、副主任、秘书长、常委；重庆市人民政府市长、副市长等领导成员。6 月 18 日，重庆市各界 3500 多名代表举行了直辖市挂牌揭幕大会，重庆直辖市正式成立。设立重庆直辖市，是党中央、国务院为加快中西部地区经济和社会发展而采取的一项重要举措，充分反映了国家对中西部开发的高度重视，也是中国实施西部大开发战略的前奏曲。重庆是中国设立的第四个直辖市，承担了进一步发挥中心城市的区位优势、龙头作用、窗口作用和辐射作用，带动西南地区和长江上游地区经济、社会发展的历史使命。

重庆市人民大礼堂、重庆港
1998-14《重庆风貌》1998.6.18 发行

新貌、交通网络
2007-15《重庆建设》2007.6.8 发行

三、香港回归祖国

　　1997年7月1日，中国政府恢复对香港行使主权。6月30日23时42分，中英两国政府香港政权交接仪式正式开始。23时56分，中英双方护旗手入场，象征两国政府香港政权交接的降旗、升旗仪式开始。23时59分，英国国旗和香港旗在英国国歌乐曲声中缓缓降落，英国在香港一个半世纪的殖民统治宣告结束。7月1日零点整，中国人民解放军军乐队奏起雄壮的中华人民共和国国歌，中华人民共和国国旗和中华人民共和国香港特别行政区区旗一起冉冉升起，中国政府正式恢复对香港行使主权。凌晨，香港特别行政区行政长官董建华、特别行政区行政会成员、临时立法会议委员以及特别行政区法官宣誓就职。香港回归祖国，标志着邓小平"一国两制"的伟大构想在解决香港问题上获得了成功，标志着中国统一大业向前迈出了重要一步，这是对世界和平与进步事业的重要贡献。

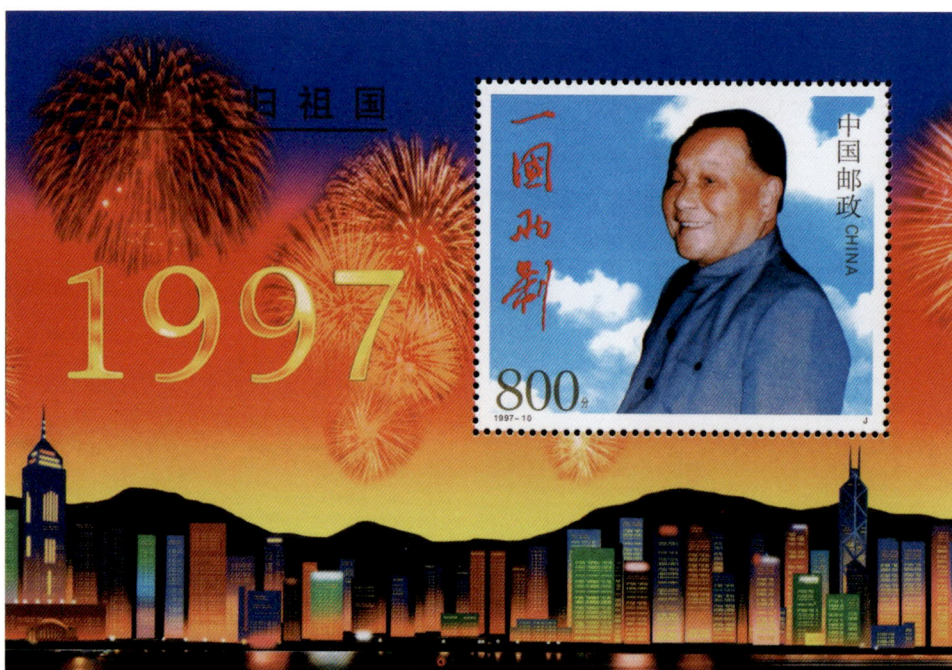

《中英联合声明》《中华人民共和国香港特别行政区基本法》
香港回归祖国
1997–10《香港回归祖国》1997.7.1 发行

古宅、街景、香港会议展示中心、海港

风帆、欢庆

《中华人民共和国香港特别行政区成立纪念》
中国香港邮政 1997.7.1 发行

欢庆、合作、繁荣

2007–17《香港回归祖国十周年》2007.7.1 发行

龙腾香江、特区新颜 、紫荆追梦

2017–16《香港回归祖国二十周年》2017.7.1 发行

四、中国人民解放军建军七十周年

1997 年是中国人民解放军建军七十周年。1997 年 7 月 1 日，中国邮政发行《中国人民解放军建军七十周年》邮票。

中国人民解放军建军七十周年

1997-12《中国人民解放军建军七十周年》1997.9.12 发行

五、中国共产党第十五次全国代表大会

1997 年 9 月 12 日至 18 日，中国共产党第十五次全国代表大会在北京召开，出席大会的正式代表共 2048 人。江泽民代表第十四届中央委员会作了题为《高举邓小平理论伟大旗帜，把建设有中国特色社会主义事业全面推向二十一世纪》的报告。大会通过了《中国共产党章程（修正案）》。党的十五届一中全会选举江泽民为中央委员会总书记，决定江泽民为中央军事委员会主席。

中国共产党第十五次全国代表大会

1997-14《中国共产党第十五次全国代表大会》1997.9.12 发行

六、黄河小浪底水利枢纽成功截流

　　1997 年 10 月 28 日上午 10 时 28 分，中国治黄历史上最大的工程——黄河小浪底水利枢纽工程截流合龙进入最后阶段。小浪底截流戗堤南、北两岸的大型翻斗车同时向龙口口门倒入巨大的石块，黄河水被拦腰截断，黄河从此彻底改道。小浪底水利枢纽位于洛阳市以北 40 公里的黄河干流上，控制黄河流域面积 69.4 万平方公里，占黄河流域总面积的 92.2％，控制黄河输沙量 100％。

小浪底水利枢纽

2002-12M《黄河水利水电工程》小型张 2002.6.8 发行

*1998*年

一、九届全国人大一次会议

1998 年 3 月 5 日至 19 日，九届全国人大一次会议在北京举行。朱镕基作《政府工作报告》。会议产生了新一届国家领导人，选举江泽民为国家主席、中华人民共和国中央军委主席，李鹏为全国人大常委会委员长，胡锦涛为国家副主席；决定朱镕基为国务院总理。

中华人民共和国第九届全国人民代表大会

1998-7《中华人民共和国第九届全国人民代表大会》1998.3.5 发行

二、抗洪赈灾

1998 年夏，我国遭遇一场历史罕见的特大洪涝灾害。长江、嫩江、松花江发生超历史记录的特大洪水，珠江流域的西江和福建闽江也一度发生大洪水。受灾人口达 2.3 亿。面对特大灾害的考验，党中央、国务院、中央军委正确决断、周密部署，广大军民不畏凶险，奋力抗灾。党和国家领导人多次亲临抗洪一线，各级领导干部也纷纷奔赴现场。人民解放军和武警部队出动 30 余万名官兵参加抗洪斗争，起到了中流砥柱的作用。全国上下，以"万众一心、众志成城，不怕困难、顽强拼搏，坚韧不拔、敢于胜利"的伟大抗洪精神，经过将近两个月的艰苦奋战，夺取了抗洪抢险斗争的全面胜利，创造了在特大洪水情况下将受灾损失减少到最低限度的奇迹。中国邮政发行《抗洪赈灾》附捐邮票，其销售收入共 3000 万元，全部交国家有关部门用于灾区人民抗洪和重建家园。

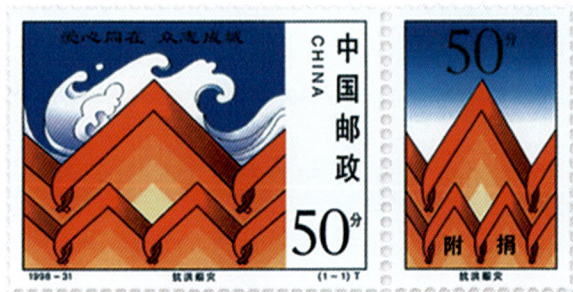

抗洪赈灾

1998-31《抗洪赈灾》1998.9.10 发行

三、北京大学建校一百年

　　北京大学是中国近代第一所国立综合性大学，其前身是戊戌维新的唯一遗产——1898年设立的京师大学堂。1912年京师大学堂更名为北京大学校，1917年设数学、物理等学科的研究所，成为中国最早有科研机构的高校，1920年招收女生入校学习，开高校男女同校风气之先。抗战爆发后与清华大学、南开大学在昆明联合组成国立西南联合大学，直至抗战胜利才回到北平复校。1952年院系调整后迁至西郊原燕京大学校址，其所设专业的学术水平与成就，大多为全国高校同专业之翘楚。北京大学还是中国新文化运动的中心，"五四"运动的策源地，传播民主、科学思想和马克思主义的最初基地，也是中国共产党早期活动的主要场所。1998年5月4日，中国邮政发行《北京大学建校一百年》邮票。

北京大学建校一百年

1998-11《北京大学建校一百年》1998.5.4发行

一、表彰"两弹一星"功勋

1999 年 9 月 18 日，中共中央、国务院、中央军委在北京召开大会，隆重表彰为研制"两弹一星"作出贡献突出的 23 位科技专家，授予于敏、王大珩、王希季、朱光亚、孙家栋、任新民、吴自良、陈芳允、陈能宽、杨嘉墀、周光召、钱学森、屠守锷、黄纬禄、程开甲、彭桓武"两弹一星功勋奖章"；追授王淦昌、邓稼先、赵九章、姚桐斌、钱骥、钱三强、郭永怀"两弹一星功勋奖章"。

20 世纪 50 年代中期，以毛泽东为核心的第一代党中央领导集体，根据当时的国际形势做出了独立自主研制"两弹一星"的战略决策。大批优秀的科技工作者和广大干部、工人、解放军指战员一起，自力更生、艰苦奋斗、发愤图强、无私奉献，用较少的投入和较短的时间，突破了原子弹、导弹和人造地球卫星等尖端技术。

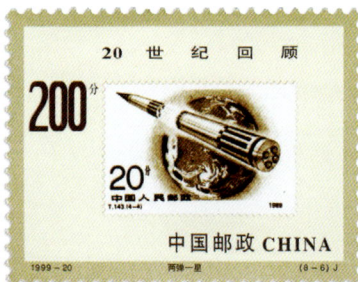

两弹一星

1999–20《世纪交替千年更始——20 世纪回顾》1999.12.31 发行

钱学森、钱三强

2011–14《中国现代科学家》（五）2011.5.25 发行

王淦昌、赵九章、郭永怀
朱光亚、邓稼先
2014-25《中国现代科学家》（六）2014.10.16 发行

二、中华人民共和国成立五十周年

　　1999 年 10 月 1 日，首都各界庆祝中华人民共和国成立五十周年大会及阅兵式在北京天安门广场举行。党和国家领导人与中外各界来宾在天安门城楼和观礼台参加观礼。阅兵式后，由各界人士组成的群众游行方队陆续通过天安门广场接受检阅。

　　中国邮政当日发行的《中华人民共和国成立五十周年——民族大团结》纪念邮票，表现了我国56 个民族兄弟姐妹载歌载舞的欢庆场面，是中国邮政发行的枚数最多、全张面积最大的一套邮票。

中华人民共和国成立五十周年——民族大团结

1999-11《中华人民共和国成立五十周年——民族大团结》1999.10.1 发行

三、中国神舟飞船首飞成功

1992 年 1 月，中国启动了载人航天工程，即"921"工程。1999 年 11 月 20 日 6 时 30 分，中国第一艘太空试验飞船神舟号在酒泉卫星发射中心由新型长征二号 F 捆绑式火箭（CZ-2F）运载火箭发射升空，踏上了中华民族探索太空奥秘的飞天旅程。这次发射是长征系列运载火箭的第 59 次飞行。经过 20 多个小时的在轨运行，试验飞船在完成了空间飞行试验、绕地球飞行 14 圈后，于次日 3 时 41 分在内蒙古中部预定区域四子王旗红格尔地区平安着陆，标志着中国载人航天工程第一艘试验飞船神舟号首飞成功。神舟飞船是中国自行研制，具有完全自主知识产权，达到或优于国际第三代载人飞船技术的飞船。

中国神舟飞船首飞成功纪念

2000-22《中国神舟飞船首飞成功纪念》2000.11.20 发行

四、澳门回归祖国

　　1999 年 12 月 19 日午夜至 20 日凌晨，中葡两国政府澳门政权交接仪式在澳门文化中心举行。葡萄牙国旗和澳门市政厅旗降下，中华人民共和国国旗和中华人民共和国澳门特别行政区区旗冉冉升起。江泽民庄严宣告"中国政府对澳门恢复行使主权""澳门的发展进入了一个崭新的时代"。交接仪式后，举行中华人民共和国澳门特别行政区成立暨特别行政区政府宣誓就职仪式。中国人民解放军驻澳部队于 20 日零时开始履行澳门防务职责。

　　澳门回归祖国，是邓小平"一国两制"伟大构想在解决澳门问题上的又一次成功实践，是中国人民在完成祖国统一大业的道路上树立的又一座丰碑。

《中葡联合声明》《中华人民共和国澳门特别行政区基本法》
1999-18《澳门回归祖国》1999.12.20 发行

澳门回归祖国
1999-18《中华人民共和国澳门特别行政区成立纪念》1999.12.20 发行

舞龙—妈阁庙、赛龙舟—友谊大桥、圣诞树—大三巴
赛车—松山灯塔、舞狮—综艺馆、音乐节—文化中心

光明未来：莲花—南湾楼群

《中华人民共和国澳门特别行政区成立纪念》中国澳门邮政 1999.12.20 发行

欢庆、合作、繁荣

2009-30《澳门回归祖国十周年》2009.12.20 发行

五、武夷山列入世界遗产

1999 年 12 月 2 日，在联合国教科文组织第 22 届世界遗产大会上，中国申报的福建武夷山被列入《世界遗产名录》，成为世界自然与文化双重遗产。这是继泰山、黄山、峨眉山—乐山大佛之后，中国第四处世界自然与文化双重遗产。

武夷山是一处被保存了 12 个多世纪的景观。它拥有一系列优秀的考古遗址和遗迹，包括建于公元前 1 世纪的汉城遗址、大量的寺庙和与公元 11 世纪产生的与朱子理学相关的书院遗址。作为一种学说，朱子理学曾在东亚和东南亚国家中占据统治地位达多个世纪之久，并在哲学和政治方面影响了世界很大一部分地区。2017 年，世界文化与自然遗产地武夷山的范围扩大到江西铅山。

武夷山玉女峰、武夷山九曲溪、武夷山挂墩、武夷山高山草甸

1994-13《武夷山》1994.9.30 发行

2000年

一、纪念陈云同志诞生九十五周年

　　陈云（1905—1995）同志是伟大的无产阶级革命家、政治家，杰出的马克思主义者，是中国社会主义经济建设的开创者和奠基人之一，党和国家久经考验的卓越领导人，是以毛泽东为核心的党的第一代中央领导集体和以邓小平为核心的党的第二代中央领导集体的重要成员，为党和人民事业发展作出了重大贡献。陈云同志在 20 世纪 30 年代初就担任党中央的领导工作，经历了我们党领导人民进行革命、建设、改革各个历史时期几乎所有重大事件，参与了党中央在不同历史时期一系列重大决策的制定和实施，多次在党和人民事业发展的关键时刻、在党和国家的重大决策中发挥了十分重要的作用。

五卅运动中的陈云、陈云在延安
新中国初期的陈云、陈云在新的历史时期
2000–12《陈云同志诞生九十五周年》2000.6.13 发行

二、中国体育代表团在悉尼奥运会取得突破

2000 年 9 月 15 日至 10 月 1 日，第二十七届夏季奥林匹克运动会在澳大利亚悉尼举行。来自全球 200 个代表团的 1.1 万名运动员，参加了本届奥运会 28 个大项、300 个小项的角逐。

中国体育代表团在本届奥运会上共夺得 28 枚金牌、16 枚银牌和 15 枚铜牌，在金牌榜和奖牌榜上均排在第三位。这是中国首次进入奥运会金牌榜前三名，取得了历史性的突破。中国运动员共有 3 人 12 次创 8 项世界纪录，6 人 11 次创 11 项奥运会纪录，成绩比前四届奥运会有了大幅度的提高，创下了参加历届奥运会金牌数和奖牌数的最高纪录。中国体育健儿所取得的优异成绩，是对奥林匹克运动的新贡献，是对祖国人民的巨大鼓舞。

第二十七届奥林匹克运动会

2000–17M《第二十七届奥林匹克运动会》小型张 2000.9.15 发行

三、京沪高速公路全线贯通

2000 年 12 月 18 日，京沪高速公路（北京—上海）全线贯通。京沪高速公路全长 1262 千米，分 20 个路段分期建设，整个工程建设历时 13 年。京沪高速公路全线为一级公路，除天津北段京沪代用线的外环线 28.5 千米，山东境内德州齐河至泰安金牛山 76 千米、江苏境内江阴长江大桥南北接线 51 千米为六车道高速公路外，其余均为四车道高速公路，设计最高时速 120 千米／小时。

京沪高速公路的全线贯通是中国公路建设史上的里程碑，使华北、华东地区连为一体，对加强国道主干线的联网和发挥高速公路的规模效益，以及加强北京、天津、河北、山东、江苏、上海之间的经济联系与合作、促进沿线地区乃至全国的经济发展都具有重要意义。

江阴长江公路大桥

2000-7《长江公路大桥》2000.3.26 发行

*2001*年

一、昆曲列入人类口头和非物质遗产

    2001 年 5 月 18 日，联合国教科文组织在巴黎宣布第一批"人类口头和非物质遗产代表作"名单，中国的昆曲位列其中。昆曲是中国古老的戏曲声腔、剧种，发源于 14 世纪中国的苏州昆山，原名"昆山腔"，简称"昆腔"，后经魏良辅等人改良而走向全国，自明代中叶独领中国戏剧近 300 年，被称为"百戏之祖，百戏之师"，许多地方剧种，都受到过昆曲艺术多方面的哺育和滋养。

《浣纱记》《牡丹亭》《长生殿》

2010-14《昆曲》2010.6.12 发行

二、中国共产党成立八十周年

    2001 年是中国共产党成立八十周年。2001 年 7 月 1 日，中国邮政发行《中国共产党成立八十周年》纪念邮票。

中国共产党党旗

2001-12《中国共产党成立八十周年》2001.7.1 发行

三、北京申办2008年奥运会成功

2001年7月13日，在莫斯科举行的国际奥委会第112次全会上，国际奥委会投票选定北京获得2008年第29届奥林匹克运动会的主办权。随后，国际奥委会主席萨马兰奇向大会宣布，北京成为第29届奥林匹克运动会的主办城市。当天，喜讯传到北京，约40万群众涌向天安门广场庆祝。

北京申办2008年奥运会标志

特2–2001《北京申办2008年奥运会成功纪念》2001.7.14发行

四、亚太经合组织第九次领导人非正式会议

2001年10月21日，亚太经合组织（APEC）第九次领导人非正式会议在上海科技馆举行，江泽民主持了会议并发表了题为《加强合作，共同迎接新世纪的新挑战》的讲话。

亚太经合作组织诞生于全球冷战结束的年代。20世纪80年代末，随着国际形势日趋缓和，经济全球化、贸易投资自由化和区域集团化的趋势渐成潮流。同时，亚洲地区在世界经济中的比重也明显上升。该组织为推动区域贸易投资自由化，加强成员间经济技术合作等方面发挥了不可替代的作用。它是亚太区内各地区之间促进经济成长、合作、贸易、投资的论坛。

亚太经合组织2001年会议 中国

2001–21《亚太经合组织2001年会议 中国》2001.10.20发行

五、中国加入世界贸易组织

2001年11月10日，在卡塔尔首都多哈举行的世界贸易组织第四届部长级会议上，通过了中国加入世界贸易组织的决议。12月11日，中国正式成为世贸组织成员，标志着中国对外开放进入新的阶段。

1994年4月15日，在摩洛哥的马拉喀什市举行的关贸总协定乌拉圭回合部长会议决定，成立更具全球性的世界贸易组织，以取代成立于1947年的关贸总协定。世界贸易组织是当代最重要的国际经济组织之一，拥有164个成员，成员贸易总额达到全球的98%。世界贸易组织的目标是建立一个完整的，包括货物、服务、与贸易有关的投资及知识产权等内容的，更具活力、更持久的多边贸易体系。

中国加入世界贸易组织

特3-2001《中国加入世界贸易组织》2001.12.11发行

2002年

一、博鳌亚洲论坛落户海南

2002年4月12日至13日，博鳌亚洲论坛首届年会在海南省举行。博鳌亚洲论坛又称为亚洲论坛、亚洲博鳌论坛，由25个亚洲国家和澳大利亚发起，于2001年2月27日在海南省琼海市博鳌镇召开大会，正式宣布成立。

博鳌亚洲论坛是一个非政府、非营利性的国际组织。它由菲律宾前总统拉莫斯、澳大利亚前总理霍克及日本前首相细川护熙于1998年发起。论坛的成立得到亚洲各国的普遍支持，并赢得了全世界的广泛关注。从2002年开始，论坛每年定期在中国海南博鳌召开年会。

东屿岛、博鳌亚洲论坛会址

2008-9《海南博鳌》2008.4.13发行

二、中国共产党第十六次全国代表大会

2002年11月8日至14日，中国共产党第十六次全国代表大会在北京人民大会堂召开。江泽民代表第十五届中央委员会作了《全面建设小康社会，开创中国特色社会主义事业新局面》的报告。大会通过了关于《中国共产党章程（修正案）》的决议。在15日举行的十六届一中全会上，选举胡锦涛为中央委员会总书记；决定江泽民为中央军事委员会主席；批准吴官正为中央纪律检查委员会书记。

中国邮政发行《黄河壶口瀑布》特种邮票小型张，以"与时俱进 一往无前"的精神庆祝党的十六大召开。

与时俱进 一往无前

2002-21M《黄河壶口瀑布》小型张 2002.11.8 发行

三、南水北调工程开工

　　2002 年 12 月 27 日，南水北调工程开工典礼在北京人民大会堂和江苏省、山东省施工现场同时举行。南水北调工程是国家战略工程之一，分东、中、西三条线路，东线工程起点位于江苏扬州江都水利枢纽；中线工程起点位于汉江中上游丹江口水库，供水区域为河南、河北、北京、天津 4 个省（市）。南水北调工程规划区涉及人口 4.38 亿，调水规模 448 亿立方米。工程规划的东、中、西线干线总长度达 4350 公里。东、中线一期工程干线总长为 2899 公里，沿线六省市一级配套支渠约 2700 公里。

南水北调工程

2003-22M《南水北调工程开工纪念》2003.9.26 发行

2003年

一、十届全国人大一次会议

    2003年3月5日至18日，十届全国人大一次会议在北京人民大会堂举行。朱镕基所作的《政府工作报告》提出的总体要求是：以邓小平理论和"三个代表"重要思想为指导，认真贯彻党的十六大精神，坚持把发展作为党执政兴国的第一要务，积极应对国内外环境变化带来的困难和挑战，坚持扩大内需的方针，继续实施积极的财政政策和稳健的货币政策，进一步深化改革，全面提高对外开放水平，加快经济结构的战略性调整，促进国民经济持续快速健康发展，实现速度和结构、质量、效益相统一。正确处理改革发展稳定的关系，切实加强民主法制建设、精神文明建设和党的建设，促进社会主义物质文明、政治文明和精神文明协调发展。大会选举胡锦涛为国家主席，江泽民为中央军事委员会主席；吴邦国为全国人大常委会委员长；曾庆红为国家副主席；决定温家宝为国务院总理。中国邮政发行《百合花》邮票，祝贺十届全国人大一次会议召开，寓意百事合心。

大理百合、匍茎百合、东北百合、尖被百合

宜昌百合

2003-4《百合花》

2003.3.5 发行

二、夺取防治"非典"工作的重大胜利

2003 年春，一场突如其来的疫情在中国部分地区和世界许多国家蔓延，引起这种疾病的病原体是一种变异"冠状病毒"，中国医学工作者首先将其命名为传染性非典型肺炎，简称"非典"。这是一种传染性强的呼吸系统疾病，世界卫生组织定名为"急性呼吸道综合征（SARS）"。4 月 24 日，全国防治非典型肺炎指挥部宣告成立。面对这场突如其来的"非典"疫情，中国人民在党中央、国务院的领导下，坚持一手抓防治"非典"，一手抓经济建设。白衣天使无私奉献，全国各行各业团结一致，和衷共济、众志成城，直到取得最后胜利。

万众一心 抗击"非典"

特 4-2003《万众一心 抗击"非典"》2003.5.19 发行

三、中国首次载人航天飞行成功

2003 年 10 月 15 日 9 时整，中国自行研制的神舟五号载人飞船在酒泉卫星发射中心发射升空，并准确进入预定轨道。这是中国首次进行载人航天飞行。乘神舟五号载人飞船执行任务的航天员杨利伟，在太空中围绕地球飞行 14 圈，经过 21 小时 23 分、60 万公里的安全飞行后，在内蒙古主着陆场成功着陆返回。中国首次载人航天飞行圆满成功，使中国成为世界上第三个独立掌握载人航天技术的国家，对于推动中国高科技的发展，增强中国的经济实力、科技实力、国防实力和民族凝聚力具有重大意义。

英姿、凯旋

特 5-2003《中国首次载人航天飞行成功》2003.10.16 发行

2004年

一、中国体育代表团在雅典奥运会上获得佳绩

2004年8月13日，第28届奥林匹克运动会在希腊首都雅典举行。本届奥运会是奥林匹克大家庭最大规模的一次团圆，共有202个国家和地区的11099运动员、教练员和官员参加。本届奥运会共设28个大项301个小项的比赛。中国体育代表团在本届奥运会上获得32枚金牌、17枚银牌、14枚铜牌，金牌数列第二位、奖牌总数列第三位。

首次荣归故里的第28届夏季奥运会，在见证了百年奥运的繁荣与世界体坛新格局的诞生后，于8月29日晚在奥林匹克运动的发源地雅典举行了闭幕式。王岐山从国际奥委会主席罗格手中接过奥林匹克五环旗。随后，来自北京的年轻演员以具有浓郁民族特色的文艺表演，表达了中国人民对世界客人的欢迎之情。

雅典帕提农神庙、北京天坛祈年殿

2004-16《奥运会从雅典到北京》2004.8.13发行

二、邓小平同志诞生一百周年

2004 年 8 月 22 日，中共中央、全国人大常委会、国务院、全国政协、中央军委在北京隆重召开大会，纪念伟大的马克思主义者，伟大的无产阶级革命家、政治家、军事家、外交家，中国社会主义改革开放和现代化建设的总设计师邓小平同志诞生一百周年。胡锦涛发表重要讲话，高度评价邓小平为民族独立、人民解放和国家富强、人民幸福建立的不朽功勋，强调邓小平理论和"三个代表"重要思想是指引我们胜利前进的伟大旗帜。

邓小平是全党、全军、全国各族人民公认的享有崇高威望的卓越领导人，中国特色社会主义道路的开创者，邓小平理论的主要创立者。他所倡导的"改革开放""一国两制"政策理念，改变了20 世纪后期的中国，也影响了世界。

中共中央总书记、中共中央军委主席

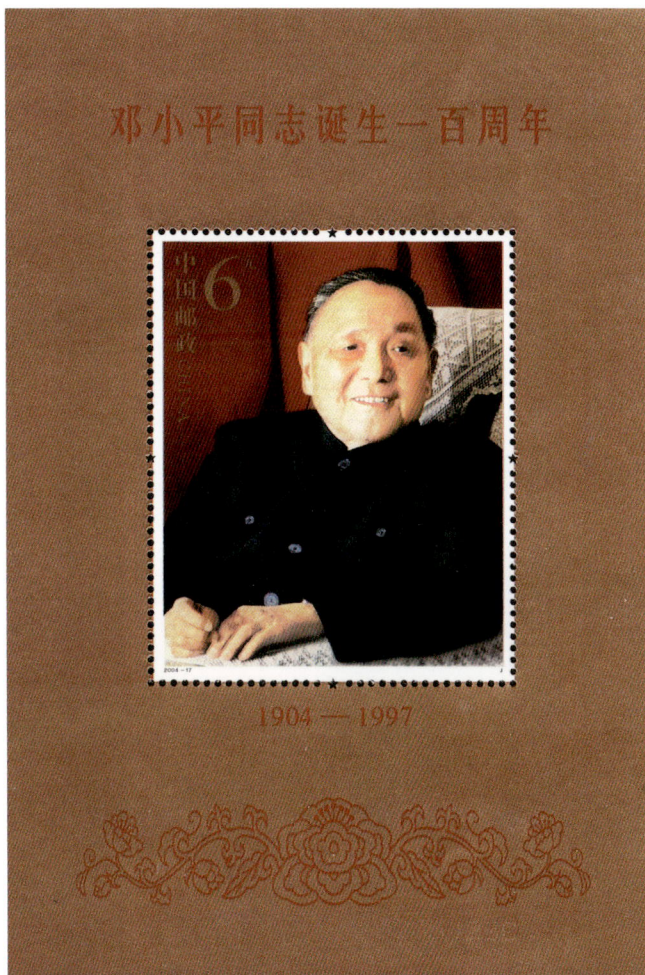

改革开放和现代化建设总设计师

2004–17《邓小平同志诞生一百周年》2004.8.22 发行

三、全国人民代表大会成立五十周年

2004 年 9 月 15 日，首都各界庆祝全国人民代表大会成立五十周年大会在北京召开。为此，中国邮政发行《人民代表大会成立五十周年》邮票。

中南海怀仁堂、人民大会堂

2004-20《人民代表大会成立五十周年》 2004.9.15 发行

四、中华人民共和国成立五十五周年

2004 年是新中国成立五十五周年。中国邮政于 9 月 30 日发行《中华人民共和国国旗国徽》特种邮票一套 2 枚；10 月 1 日发行《祖国边陲风光》特种邮票一套 12 枚及小全张 1 枚。《祖国边陲风光》特种邮票选择了 12 幅彩色照片，拍摄的是兴安林海、鸭绿江流域湖泊、黄海礁岩、舟山群岛、台湾海岸线、西沙岛屿、桂南喀斯特地貌、滇南雨林、珠穆朗玛峰、帕米尔高原、巴丹吉林沙漠、呼伦贝尔草原的自然风光。

国旗、国徽

2004-23《中华人民共和国国旗国徽》2004.9.30 发行

帕米尔高原、巴丹吉林沙漠、呼伦贝尔草原、兴安林海
珠穆朗玛峰、鸭绿江流域湖泊
滇南雨林、黄海礁岩
桂南喀斯特地貌、西沙岛屿、台湾海岸线、舟山群岛

2004-24《中国边陲风光》2004.10.1 发行

五、西气东输工程全线建成

2004 年 12 月 30 日，西气东输工程（新疆轮南至上海）全线建成并正式运营。该工程东西横贯新疆、甘肃、宁夏、陕西、山西、河南、安徽、江苏、上海等 9 个省区，全长 4200 千米，设计年输气量 120 亿立方米。

2000 年，中国启动西气东输工程；2002 年，西气东输工程全线开工建设；2003 年 10 月 1 日，建成陕西靖边至上海段，并于 2004 年 1 月 1 日实现向上海商业供气；2004 年 10 月 1 日，西气东输工程全线投产；2005 年 1 月 1 日，实现全线商业运营的整体建设目标。西气东输工程的建设，对于把西部资源优势转化成经济优势、改变管道沿线特别是长江三角洲地区的能源结构，促进产业结构调整、改善大气环境质量、提高人民生活水平都具有十分重大而深远的意义。

气源开发、管道建设

2005–2《西气东输工程竣工》2005.1.8 发行

*2005*年

一、中华全国总工会成立八十周年

　　2005 年是中华全国总工会成立八十周年。中华全国总工会是中国共产党领导的职工自愿结合的工人阶级的群众组织，是党联系职工群众的桥梁和纽带，是国家政权的重要社会支柱，是会员和职工利益的代表。

中华全国总工会旧址

J.109《中华全国总工会成立六十周年》1985.5.1 发行

中华全国总工会成立八十周年

2005-8《中华全国总工会成立八十周年》2005.5.1 发行

二、守护绿水青山，建设美丽中国

2005 年 8 月，时任浙江省委书记的习近平在浙江湖州安吉考察时，提出了"绿水青山就是金山银山"的理念。在经济发展的过程中，浙江一些地方发生了对绿水青山造成破坏的现象，为此，坚守"绿水青山就是金山银山"的理念，必须加强环境治理与生态修复工作。

2017 年 10 月 18 日，习近平总书记在十九大报告中指出：坚持人与自然和谐共生。建设生态文明是中华民族永续发展的千年大计。必须树立和践行绿水青山就是金山银山的理念，坚持节约资源和保护环境的基本国策，像对待生命一样对待生态环境，统筹山水林田湖草系统治理，实行最严格的生态环境保护制度，形成绿色发展方式和生活方式，坚定走生产发展、生活富裕、生态良好的文明发展道路，建设美丽中国，为人民创造良好生产生活环境，为全球生态安全作出贡献。

霞浦滩涂、张家界天子山、三沙七连屿、盘锦红海滩、龙胜梯田、兴化垛田
普 32《美丽中国》（第一组）2013.5.19 发行

牡丹江雪乡、兴义万峰林
石嘴山沙湖、杭州西溪湿地
普 32《美丽中国》（第二组）
2016.5.12 发行

三、中国人民抗日战争暨世界反法西斯战争胜利六十周年

　　2005年9月3日，是中国人民抗日战争暨世界反法西斯战争胜利六十周年。为此，首都北京和全国各地举行了多种纪念活动。

和平与正义

全民抗战、中流砥柱、诺曼底登陆、攻克柏林

2005-16《中国人民抗日战争暨世界反法西斯战争胜利六十周年》2005.8.15发行

四、神舟六号载人飞船飞行成功

　　2005 年 10 月 12 日，神舟六号载人飞船在中国酒泉卫星发射中心发射升空。10 月 17 日返回在内蒙古四子王旗降落，标志着中国在发展载人航天飞行方面又取得了一个具有里程碑意义的重大成果。执行此次任务的宇航员是费俊龙和聂海胜。11 月 26 日，中共中央、国务院、中央军委在北京举行庆祝神舟六号载人航天飞行圆满成功大会。

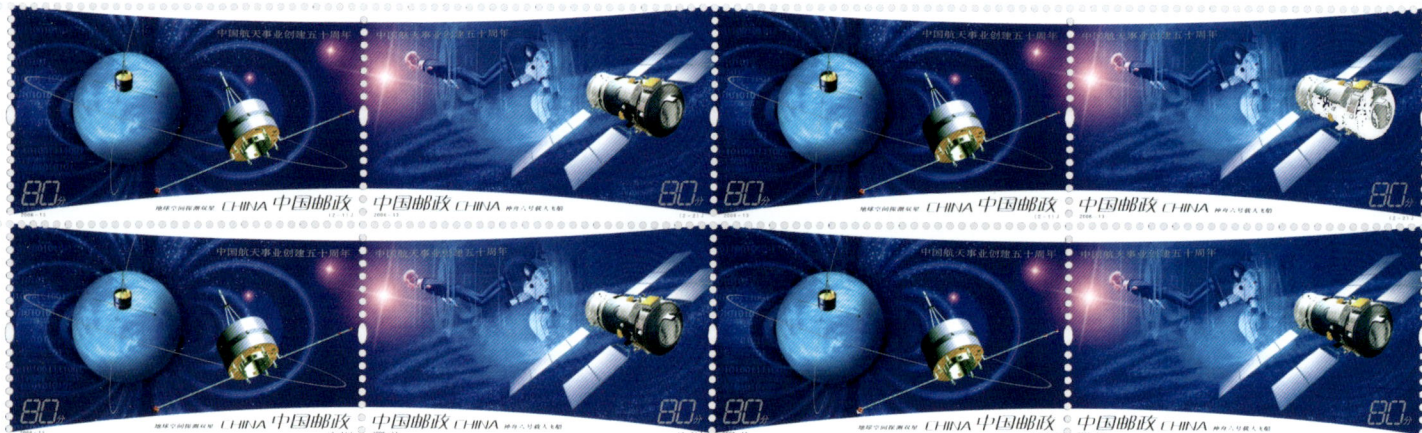

地球空间探测双星、神舟六号载人飞船

2006-13《中国航天事业创建五十周年》2006.6.8 发行

五、中国文化遗产日

　　2005 年 12 月 22 日，《国务院关于加强文化遗产保护工作的通知》发布，要求进一步加强文化遗产保护工作。并决定从 2006 年起，每年 6 月的第 2 个星期六为中国的"文化遗产日"。黄帝陵祭典、炎帝陵祭典，杨柳青木版年画、景泰蓝的制作工艺等，都是国家级非物质文化遗产代表性项目。

中国非物质文化遗产、中国文化遗产

2016–13《文化遗产日》2016.6.11 发行

黄帝陵、人文初祖殿、轩辕柏

T.84《黄帝陵》1983.4.5 发行

午门、行礼亭、陵墓

1998–23《炎帝陵》1998.10.28 发行

五子夺莲、盗仙草、钟馗、玉堂富贵

2003–2《杨柳青木版年画》2003.1.25 发行

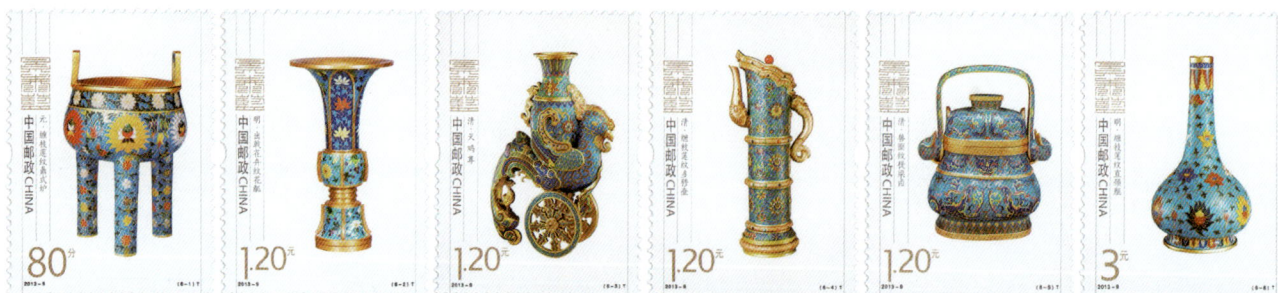

元·缠枝莲纹鼎式炉、明·出戟花卉纹花觚、清·天鸡尊、清·缠枝莲纹多穆壶、清·兽面纹提梁卣、明·缠枝莲纹直颈瓶

2013–9《景泰蓝》2013.4.21 发行

2006年

一、全面取消农业税

　　根据 2005 年 12 月 29 日十届全国人大常委会第十九次会议的决定，自 2006 年 1 月 1 日起，废止一届全国人大常委会于 1958 年 6 月 3 日通过的《中华人民共和国农业税条例》。至此，中国农民告别了绵延 2600 多年的"皇粮国税"。

　　农业税是国家对一切从事农业生产、有农业收入的单位和个人征收的一种税，俗称"公粮"。2004 年，国务院开始实行减征或免征农业税的惠农政策。2005 年岁末，免除农业税的惠农政策以法律的形式固定了下来。

全面取消农业税
2006-10《全面取消农业税》2006.2.22 发行

二、长江三峡大坝全线建成

2006 年 5 月 20 日，长江三峡大坝全线建成。三峡大坝位于湖北省宜昌市三斗坪镇境内，距下游葛洲坝水利枢纽工程 38 公里，是当今世界最大的水利发电工程。三峡大坝工程包括主体建筑物及导流工程两部分，全长约 3335 米，坝顶高程 185 米，工程总投资为 954.6 亿人民币，于 1994 年 12 月 14 日正式动工修建。

三峡工程是迄今世界上综合效益最大的水利枢纽，发挥着巨大的防洪效益和航运效益。三峡大坝建成后，形成长达 600 公里的水库，采取分期蓄水，总库容达 393 亿立方米，可充分发挥其长江中下游防洪体系中的关键性骨干作用，并显著改善长江宜昌至重庆 660 公里的航道，万吨级船队可直达重庆港，可发挥防洪、发电、航运、养殖、旅游、保护生态、净化环境、开发性移民、南水北调、供水灌溉等十大效益。

明渠通航、大江截流

1997–23《长江三峡工程·截流》1997.11.8 发行

水库蓄水、船闸通航、电站发电

2003–21《长江三峡工程·发电》2003.8.20 发行

三、开发天津滨海新区

　　2006 年 5 月 5 日，国务院发出《关于推进天津滨海新区开发开放有关问题的意见》，提出通过综合配套改革推进天津滨海新区的开发。天津滨海新区位于天津市东部临海地区，由天津港，天津经济技术开发区，天津保税区，原塘沽、汉沽、大港三个管委会和东丽区、津南区的一部分组成。

宜居新城、于家堡金融区、国家动漫园

港口

2011-27《天津滨海新区》2011.10.21 发行

四、青藏铁路全线通车

　　青藏铁路分两期建成：一期工程东起西宁市，西至格尔木市，于 1958 年开工建设，1984 年 5 月建成通车；二期工程东起格尔木市，西至拉萨市，于 2001 年 6 月 29 日开工，2006 年 7 月 1 日全线通车。青藏铁路全长 1956 公里，穿越海拔 4000 米以上地段达 960 千米，最高点海拔 5072 米；格尔木至拉萨段穿越戈壁荒漠、沼泽湿地和雪山草原，全线 1142 千米；穿越多年连续冻土达 550 公里；海拔 5068 米的唐古拉山车站，是世界海拔最高的铁路车站；海拔 4905 米的风火山隧道，是世界海拔最高的冻土隧道；全长 1686 米的昆仑山隧道，是世界最长的高原冻土隧道；全长 11.7 千米的清水河特大桥，是世界最长的高原冻土铁路桥；冻土地段运行速度可达 100 千米／小时，非冻土地段可达 120 千米／小时，是世界高原冻土铁路的最高时速。

青藏铁路开工纪念
2001-28M《青藏铁路开工纪念》
小型张 2001.12.29 发行

穿越可可西里、翻越唐古拉山、拉萨火车站
2006-15《青藏铁路通车纪念》2006.7.1 发行

五、中非合作论坛北京峰会

为进一步加强中国与非洲国家在新形势下的友好合作，中非合作论坛——北京2000年部长级会议于2000年10月在北京召开，中非合作论坛正式成立。来自45个非洲国家的外交部部长、主管对外合作或经济事务的部长以及部分国际机构和地区组织的代表出席会议。会议通过了《北京宣言》和《中非经济和社会发展合作纲领》两个历史性文件。

2006年，论坛第三届部长级会议提升为一次中非领导人峰会。2006年11月4日至5日，中非合作论坛北京峰会召开，时任中华人民共和国国家主席胡锦涛，48个非洲国家的元首、政府首脑或代表，时任非洲联盟委员会主席科纳雷以及地区和国际组织的代表出席。会议通过了《中非合作论坛北京峰会宣言》和《中非合作论坛—北京行动计划（2007—2009年）》。

中非合作论坛北京峰会

2006-20《中非合作论坛北京峰会》2006.9.25 发行

六、中华全国归国华侨联合会成立五十周年

    2006 年是中华全国归国华侨联合会成立五十周年。中华全国归国华侨联合会（简称中国侨联）是中国共产党领导的由归侨、侨眷组成的全国性人民团体，隶属中国共产党中央书记处管辖。

    1938 年，中共中央决定在华侨青年较多的陕北公学设立"华侨救国联合会"。1946 年 3 月 12 日，延安侨联在延安王家坪大礼堂召开会员大会，大会决定改"延安华侨救国联合会"为"延安华侨联合会"。1950 年 7 月 8 日，在北京成立了中华人民共和国归国华侨联谊会筹委会。1956 年 10 月 5 日，中华全国归国华侨联合会成立大会在北京召开。中国侨联的宗旨是：坚持以人为本、为侨服务，在维护全国人民总体利益的同时，依法代表和维护归侨侨眷和海外侨胞在国内的合法权利和利益，关心海外侨胞的正当权益。

中国侨联徽志

2006–21《中华全国归国华侨联合会成立
五十周年》2006.9.25 发行

兴隆华侨农场、暨南大学、福清融侨开发区、开平侨乡

2004–10《侨乡新貌》2004.5.15 发行

传统佳节、华人会馆、唐人街、华文学校

2011–20《海外中华情》2011.7.11 发行

七、中国工农红军长征胜利七十周年

　　2006年10月22日，纪念中国工农红军长征胜利七十周年大会在北京举行，党和国家领导人以及首都各界群众3000余人参加了大会。为此，中国邮政发行《中国工农红军长征胜利七十周年》纪念邮票。

送别、遵义会议、飞夺泸定桥、过草地

大会师

2006-25《中国工农红军长征
胜利七十周年》2006.10.22发行

*2007*年

一、杭州湾跨海大桥正式贯通

2007年6月26日，杭州湾跨海大桥正式贯通。杭州湾跨海大桥是中国浙江省境内连接嘉兴市海盐和宁波市慈溪的跨海大桥，位于杭州湾海域之上，是沈海高速公路（沈阳—海口）组成部分，也是浙江省东北部的城市快速路的重要构成部分。杭州湾跨海大桥于2003年6月8日奠基建设，2007年6月26日完成合龙工程；2008年5月1日通车运营。

杭州湾跨海大桥北起嘉兴市平湖立交，上跨杭州湾海域，南至宁波市庵东枢纽立交；线路全长36千米，桥梁总长35.7千米，桥面为双向6车道高速公路，设计速度100千米/小时。大桥建成后，缩短了宁波、舟山与杭州湾北岸城市的距离，节约了运输时间，降低了运输成本，减少了交通事故，提高了交通运输效率，从而形成了杭州湾跨海大桥的通道效益。

大桥雄姿、海中平台

2009-11《杭州湾跨海大桥》2009.6.18 发行

二、中国人民解放军建军八十周年

2007 年 8 月 1 日，庆祝中国人民解放军建军八十周年暨全军英雄模范代表大会在北京举行。为此，中国邮政发行《中国人民解放军建军八十周年》纪念邮票。

听党指挥、服务人民
英勇善战、维护和平
2007–21《中国人民解放军建军八十周年》2007.8.1 发行

三、中国共产党第十七次全国代表大会

    2007 年 10 月 15 日至 21 日，中国共产党第十七次全国代表大会在北京举行。大会通过了胡锦涛代表第十六届中央委员会作《高举中国特色社会主义伟大旗帜，为夺取全面建设小康社会新胜利而奋斗》的报告，通过《中国共产党章程（修正案）》。

    10 月 22 日，十七届一中全会选举胡锦涛为中央委员会总书记；决定胡锦涛为中央军事委员会主席；批准贺国强为中央纪律检查委员会书记。

中共"一大"会址、中共"七届二中全会"会址

中国共产党第十七次全国代表大会

2007–29《中国共产党第十七次全国代表大会》2007.10.15 发行

四、中国探月首飞成功

2007 年 10 月 24 日 18 时 05 分，中国第一颗绕月探测卫星——嫦娥一号发射成功并进入预定环月轨道，标志着中国首次月球探测工程取得圆满成功。2004 年，中国正式开展月球探测工程，并命名为"嫦娥工程"，分为无人月球探测、载人登月和建立月球基地三个阶段。嫦娥一号在圆满完成各项使命后，于 2009 年按预定计划受控撞月。该卫星的主要探测目标是：获取月球表面的三维立体影像；分析月球表面有用元素的含量和物质类型的分布特点；探测月壤厚度和地球至月球的空间环境。

中国探月首飞成功

特 6-2007《中国探月首飞成功纪念》2007.11.26 发行

中国探月首飞成功

个 41《中国探月》个性化服务专用邮票 2015.8.20 发行

一、北京首都国际机场 3 号航站楼投入运营

2008 年 2 月 29 日，北京首都国际机场 3 号航站楼正式投入运营。该航站楼建筑面积 90 多万平方米，新增机位 99 个；新建一条长 3800 米、宽 60 米的跑道，世界上最大的客机空客 A380 也能够顺利起降。此外，新建北货运区，相应配套建设场内交通系统，以及供水、供电、供气、供油、通导、航空公司基地等设施。确保 2008 年北京奥运会之前投入正常运营。中国邮政为此发行的《机场建设》邮票全套 3 枚，内容还包括上海浦东国际机场和广州白云国际机场。

2019 年 9 月 25 日，北京大兴国际机场正式投入运营。机场位于北京大兴与河北廊坊交界处。航站楼综合体建筑面积 140 万平方米，可停靠飞机的指廊展开长度超过 4000 米。机场规划四纵两横 6 条民用跑道，本期建设三纵一横 4 条跑道、268 个停机位。机场建成了"五纵两横"的交通网络，1 小时通达京津冀。

北京首都国际机场、上海浦东国际机场、广州白云国际机场

2008-25《机场建设》2008.9.28 发行

北京大兴国际机场

2019-22《北京大兴国际机场通航纪念》2019.9.25 发行

二、京沪高速铁路全线开工

2008年4月18日，京沪高速铁路全线开工。京沪高速铁路简称"京沪高铁"，又名京沪客运专线，是一条连接北京市与上海市的高速铁路，是2016年修订的《中长期铁路网规划》中"八纵八横"高速铁路主通道之一。该铁路由北京南站至上海虹桥站，全长1318千米，设24个车站，设计的最高速度为380千米/小时。2011年6月30日全线正式通车。

京沪高速铁路途经中国的华北地区和华东地区，两端连接京津冀和长三角两个经济区域，沿线以平原为主，局部为低山丘陵区，经过海河、黄河、淮河、长江四大水系，所经区域面积是中国社会经济发展活跃的地区之一，也是中国客货运输较繁忙、增长潜力较大的客运专线。

京沪高速铁路

2011-17《京沪高速铁路通车纪念》2011.6.30 发行

三、抗震救灾 重建家园

　　2008 年 5 月 12 日，四川汶川发生里氏 8 级特大地震，造成 69227 人遇难，17923 人失踪，受灾群众 1510 万人。此次地震灾区超过 10 万平方千米，是新中国成立以来破坏力最大的地震。地震发生后，中共中央、国务院、中央军委对抗震救灾工作及时进行部署，灾区各级党委政府迅速启动应急机制，组织干部群众奋力投入抗震救灾工作，展示了人民解放军指战员、武警部队官兵、公安干警和匿名工作者在危难时刻挺身而出、冲锋在前，不怕吃苦、不怕牺牲的精神。各地各部门采取有效措施，积极抢救受伤群众，努力为恢复灾区交通、供电、通信等提供了支持。全国人民体现出"一方有难，八方支援"的社会主义互助精神，有助于灾区重建家园，夺取了抗震救灾斗争的重大胜利。自 2009 年起，每年 5 月 12 日为"全国防灾减灾日"。

抗震救灾 众志成城

特 7-2008《抗震救灾 众志成城》2008.5.20 发行

美好新家园

2011-26《美好新家园》2011.10.13 发行

震后新城、古镇新貌
民生设施重建、乡村新居

四、中国成功举办奥运会和残奥会

　　2008 年 8 月 8 日至 24 日，第 29 届夏季奥林匹克运动会在北京成功举办。中国政府贯彻绿色奥运、科技奥运、人文奥运的理念，发挥举国体制作用，依靠广大人民群众，开展国际交流合作，为北京奥运会的成功举办提供了坚强保障。来自 204 个国家和地区的 10000 多名运动员参加了本届奥运会。中国体育代表团共获得 48 枚金牌、22 枚银牌、30 枚铜牌，位居金牌榜第一位。国际奥委会主席罗格宣称：北京奥运会是一届真正的无与伦比的奥运会。

　　2008 年 9 月 6 日至 17 日，第 13 届残奥会在北京举行。除马术比赛在香港举行，帆船比赛在青岛举行外，其余项目均在北京举行。在本届残奥会上，中国残疾人运动员共获得 89 枚金牌、70 枚银牌、52 枚铜牌，位居金牌榜和奖牌榜第一位。

会徽

福娃贝贝、福娃晶晶、福娃欢欢、福娃迎迎、福娃妮妮

2005-28《第 29 届奥林匹克运动会——会徽和吉祥物》2005.11.12 发行

篮球、击剑、帆船、体操

2006-19《第29届奥林匹克运动会——运动项目》（一）2006.8.8 发行

跳水、射击、田径、排球、小轮自行车、举重

2007-22《第29届奥林匹克运动会——运动项目》（二）2007.8.8 发行

中国农业大学体育馆、老山自行车馆
国家体育馆、北京大学体育馆
国家游泳中心、青岛奥林匹克帆船中心

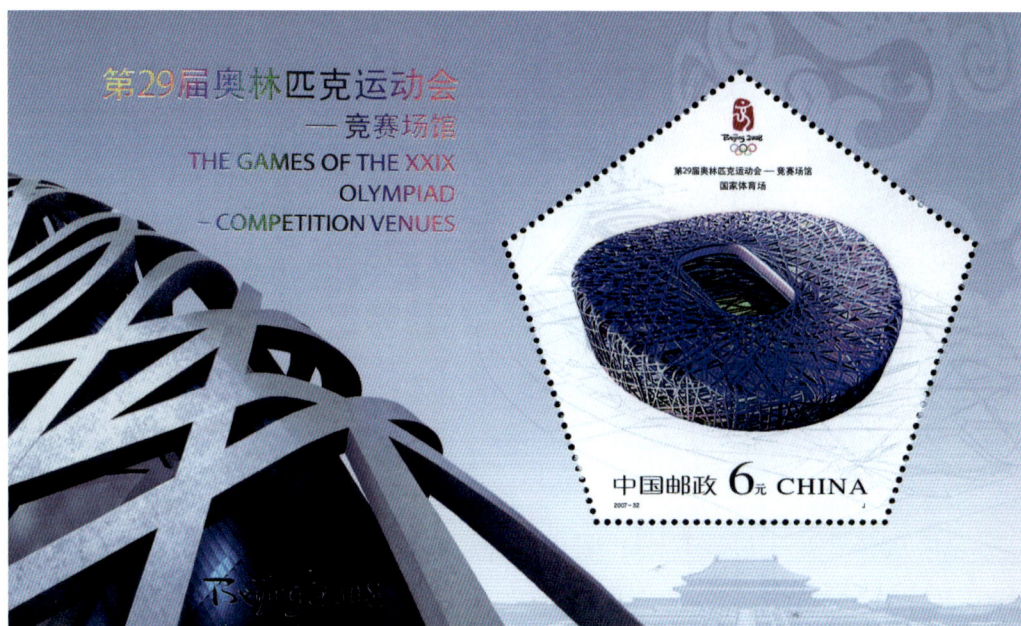

国家体育场

2007-32《第29届奥林匹克运动会——竞赛场馆》2007.12.20 发行

第 29 届奥运会火炬传递纪念

2008-6《第 29 届奥林匹克运动会——火炬传递》小全张 2008.3.24 发行

北京 2008 年奥运会开幕

2008-18《第 29 届奥林匹克运动会开幕纪念》
2008.8.8 发行

残奥会会徽、残奥会吉祥物

2008-22《北京 2008 年残奥会》2008.9.6 发行

五、海峡两岸实现"三通"

2008年12月15日，海峡两岸分别在北京、天津、上海、福州、深圳以及台北、高雄、基隆等城市同时举行海上直航、空中直航以及直接通邮的启动和庆祝仪式。两岸"三通"迈开历史性步伐。

两岸"三通"十周年

2018-33《两岸"三通"十周年》2018.12.17 发行

六、改革开放三十周年

2008年12月18日，纪念党的十一届三中全会三十周年大会在北京举行。为此，中国邮政发行《改革开放三十周年》邮票。

辉煌、腾飞

2008-28《改革开放三十周年》2008.12.18 发行

2009年

一、国家图书馆建馆一百周年

　　2009年9月9日，是中国国家图书馆建馆一百周年。国家图书馆前身是筹建于1909年9月9日的京师图书馆，1931年，文津街馆舍落成（今国家图书馆古籍馆）；新中国成立后，更名为北京图书馆。1987年新馆落成，1998年12月12日经国务院批准，北京图书馆更名为国家图书馆，对外称中国国家图书馆。国家图书馆总建筑面积28万平方米，图书馆分为总馆南区、总馆北区和古籍馆，总馆南区主楼为双塔形高楼，采用双重檐形式，孔雀蓝琉璃瓦大屋顶，淡乳灰色的瓷砖外墙，花岗岩基座的石阶，再配以汉白玉栏杆，通体以蓝色为基调，取其用水镇火之意。目前，中国国家图书馆是亚洲规模最大的图书馆，居世界国家图书馆第三位。

古籍馆、总馆北区

2009-19《国家图书馆》2009.9.9 发行

二、《唐诗三百首》邮票

    2009年9月13日，中国邮政发行《唐诗三百首》特种邮票一套6枚。此套邮票采用一套邮票一版的形式印制，以中国传统古画《雪景寒林图轴》作为边饰，共收录唐代76位诗人的诗作313首，其中李白的《下江陵》、杜甫的《望岳》、白居易的《琵琶行》、李商隐的《无题》、张九龄的《望月怀远》、王之涣的《登鹳雀楼》用作邮票图，其余307首隐藏在邮票小版张边饰部分的缩微文字中，使用点读笔即可听到优美的朗诵，被称为世界第一套"多媒体邮票"。

    2010年9月25日，在巴西召开的第13届政府间邮票印制者大会邮票评选活动中，由中国河南省邮电印刷厂印制的《唐诗三百首》邮票荣获"最佳创新奖"。此后，中国邮政还发行了《宋词》《元曲》《诗经》等系列邮票。

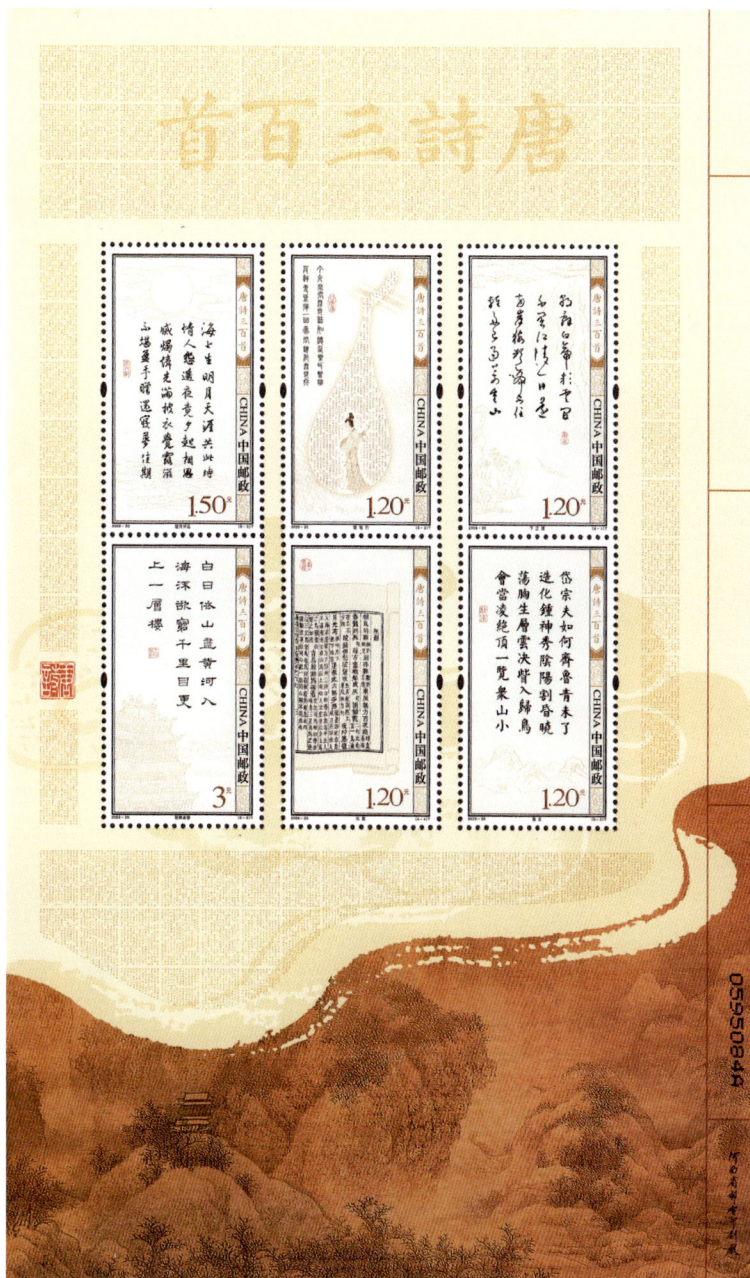

唐诗三百首
2009-20《唐诗三百首》
2009.9.13 发行

三、英雄模范和感动中国"双百"人物

为推动群众性爱国主义教育活动深入开展，迎接新中国成立六十周年，经中央批准，中央宣传部、中央组织部、中央统战部、中央文献研究室、中央党史研究室、民政部、人力资源和社会保障部、全国总工会、共青团中央、全国妇联、解放军总政治部等11个部门联合组织开展评选"100位为新中国成立作出突出贡献的英雄模范人物和100位新中国成立以来感动中国人物"活动。广大干部群众积极参与此项活动，投票总数近1亿张，最终评出"双百"人物。

在中国邮政已经发行的人物邮票中，有40枚属于为新中国成立作出突出贡献的英雄模范人物；有14枚属于新中国成立以来感动中国人物。

邓中夏（1894—1933）
中共早期领导人

苏兆征（1885—1929）
中共早期领导人

彭湃（1896—1929）
中共早期领导人

叶挺（1896—1946）
无产阶级军事家

韦拔群（1894—1932）
人民军队早期将领

刘志丹（1903—1936）
人民军队早期将领

许继慎（1901—1931）
人民军队早期将领

黄公略（1898—1931）
人民军队早期将领

中国邮政 CHINA 中国共产党早期领导人（三）张太雷（1898-1927） 1.20 元 2011-3 (5-2)J

中国邮政 CHINA 中国共产党早期领导人（三）罗亦农（1902-1928） 1.20 元 2011-3 (5-3)J

中国邮政 CHINA 中国共产党早期领导人（三）陈延年（1898-1927） 1.20 元 2011-3 (5-1)J

中国邮政 CHINA 中国共产党早期领导人（三）恽代英（1895-1931） 1.20 元 2011-3 (5-4)J

张太雷（1898—1927）
中共早期领导人

罗亦农（1902—1928）
中共早期领导人

陈延年（1898—1927）
中共早期领导人

恽代英（1895—1931）
中共早期领导人

中国共产党早期领导人（一）王尽美 1898-1925 80分 CHINA 中国邮政 2001-11 (5-2)J

中国共产党早期领导人（一）邓恩铭 1901-1931 80分 CHINA 中国邮政 2001-11 (5-3)J

中国共产党早期领导人（一）何叔衡 1876-1935 80分 CHINA 中国邮政 2001-11 (5-5)J

中国共产党早期领导人（一）蔡和森 1895-1931 80分 CHINA 中国邮政 2001-11 (5-4)J

王尽美（1898—1925）
中共早期领导人

邓恩铭（1901—1931）
中共早期领导人

何叔衡（1876—1935）
中共早期领导人

蔡和森（1895—1931）
中共早期领导人

人民军队早期将领（三）赵博生（1897-1933） 中国邮政 CHINA 1.20 元 2012-18 (5-1)J

人民军队早期将领（三）段德昌（1904-1933） 中国邮政 CHINA 1.20 元 2012-18 (5-2)J

人民军队早期将领（三）谢子长（1897-1935） 中国邮政 CHINA 1.20 元 2012-18 (5-3)J

人民军队早期将领（三）董振堂（1895-1937） 中国邮政 CHINA 1.20 元 2012-18 (5-5)J

赵博生（1897—1933）
人民军队早期将领

段德昌（1904—1933）
人民军队早期将领

谢子长（1897—1935）
人民军队早期将领

董振堂（1895—1937）
人民军队早期将领

方志敏（1899—1935）
无产阶级革命家

冼星海（1905—1945）
人民音乐家

诺尔曼·白求恩
（1890–1939）加拿大医生

埃德加·斯诺
（1905—1972）美国记者

赵世炎（1901—1927）
中共早期领导人

向警予（1895—1928）
中共早期领导人

杨开慧（1901—1930）
革命先烈

鲁迅（1881—1936）
文学家、思想家、革命家

罗炳辉（1897—1946）
人民军队早期将领

彭雪枫（1907—1944）
人民军队早期将领

杨靖宇（1905—1940）
人民军队早期将领

左权（1915—1942）
人民军队早期将领

关向应（1902—1946）
人民军队早期将领

聂耳（1912—1935）
人民音乐家

李大钊（1889—1928）
中共早期领导人

瞿秋白（1899—1989）
无产阶级革命家

刘胡兰（1932—1947）
革命先烈

杨虎城（1893—1949）
爱国将领

邹韬奋（1895—1944）
政论家、出版家

陈嘉庚（1874—1961）
教育家、社会活动家

雷锋（1940—1962）
解放军战士

王进喜（1923—1970）
钻井队长

焦裕禄（1922—1964）
县委书记

刘英俊（1945—1966）
解放军战士

陈景润（1933—1996）
数学家

邓稼先（1924—1986）
核物理学家

王选（1937—2006）
计算机科学家

时传祥（1915—1975）
环卫工人

华罗庚（1910—1985）
数学家

钱学森（1911—2009）
应用力学、航天与系统工程学家

李四光（1889—1971）
地质学家

林巧稚（1901—1983）
医学科学家

中国女排五连冠群体

四、中国人民政治协商
会议成立六十周年

　　2009 年 9 月 20 日，
庆祝中国人民政治协商会
议成立六十周年大会在北
京举行，党和国家领导人
出席。2009 年 9 月 21 日，
中国邮政发行《中国人民
政治协商会议成立六十周
年》纪念邮票。

会徽、礼堂

2009-22《中国人民政治协商会议成立六十周年》2009.9.21 发行

五、端午节列入人类非物质文化遗产

　　2009 年 9 月 30 日，联合国教科文组织正式将端午节列入《人类非物质文化遗产代表作名录》。
端午节成为中国首个入选世界"非遗"的传统节日。2006 年 5 月，国务院将端午节列入首批国家级
《人类非物质文化遗产名录》；2008 年起设立为国家法定节假日。端午节与春节、清明节、中秋节并
称为中国民间四大传统节日。

赛龙舟、包粽子、避五毒

2001-10《端午节》2001.6.25 发行

六、中华人民共和国成立六十周年

2009 年 10 月 1 日，庆祝中华人民共和国成立 60 周年大会、阅兵仪式和群众游行在北京天安门广场举行。胡锦涛检阅受阅部队并发表讲话。当晚，庆祝中华人民共和国成立六十周年联欢晚会在北京天安门广场举行。中国邮政发行《中华人民共和国成立六十周年》《中华人民共和国成立六十周年国庆首都阅兵》两套纪念邮票。

祖国在我心中

开国大典、改革开放、港澳回归、奥运盛会

2009-25《中华人民共和国成立六十周年》2009.10.1 发行

徒步方队、陆军和二炮装备方队、海军装备方队、空中梯队

2009-26《中华人民共和国成立六十周年国庆首都阅兵》2009.10.1 发行

一、中国 2010 年上海世界博览会

2010 年 4 月 30 日，中国 2010 年上海世界博览会隆重开幕。其主题是：城市，让生活更美好。下设 5 个副主题，分别是：城市多元文化的融合、城市经济的繁荣、城市科技的创新、城市社区的重塑、城市和乡村的互动，通过展示、活动、论坛三种形式诠释和表达。上海世博会占地面积 5.28 平方千米，其中围栏区面积 3.28 平方千米，配套服务区面积 2 平方千米，横跨黄浦江两岸，230 多个展馆等公共建筑面积达 250 万平方米。本次博览会至 10 月 31 日结束。这是中国首次举办的综合性世界博览会，也是第一次在发展中国家举办的注册类世界博览会。上海世博会有 246 个国家、地区和国际组织参展，中外参观者达 7308 万人次，创造了世界博览会历史上的新纪录，书写了中国人民与世界人民交流互鉴、人类各种文明交流互鉴的新篇章。

中国 2010 年世界博览会开幕纪念

2010-10《中国 2010 年世界博览会开幕纪念》2010.5.1 发行

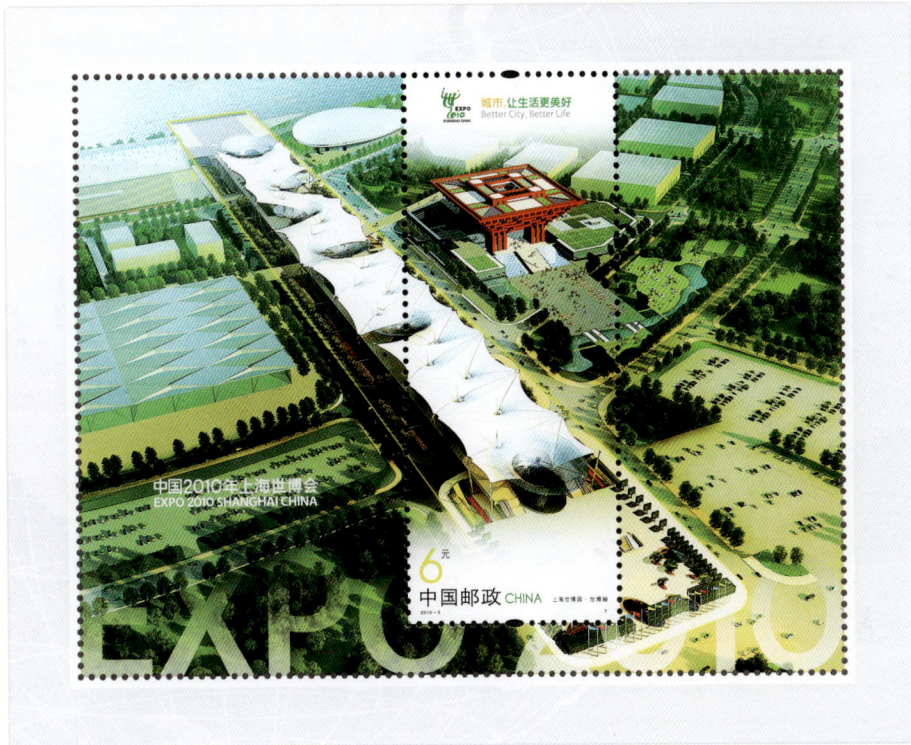

世博轴

2010-3M《上海世博园》小型张 2010.1.21 发行

世博中心、中国馆、演艺中心、主题馆

2010-3《上海世博园》2010 .1 .21 发行

二、第 16 届亚洲运动会

　　2010 年 11 月 12 日至 27 日，第 16 届亚洲运动会在中国广东省广州市举办，这是中国第二次举办亚运会。本届亚运会的主题是"激情盛会　和谐亚洲"。本届亚运会设 42 个比赛项目，是亚运会历史上比赛项目最多的一届。来自 45 个国家和地区的 14000 多名官员和运动员参加了本届亚运会。中国体育代表团以 197 块金牌、117 块银牌和 98 块铜牌位居金牌榜和奖牌榜首位。本届亚运会结束后，广州市还举办了亚洲残疾人运动会。

广州 2010 年亚洲残疾人运动会
2010–21《广州 2010 年亚洲残疾人运动会》
2010.9.3 发行

羽毛球、武术、田径、马术、龙舟、围棋
2010–27《第 16 届亚运会开幕纪念》
2010.11.12 发行

一、清华大学建校一百周年

2011 年 4 月 24 日，庆祝清华大学建校一百周年大会在北京人民大会堂隆重举行。

清华大学的前身是清华学堂，始建于 1911 年，1912 年更名为清华学校，1928 年更名为国立清华大学。中华人民共和国成立后，清华大学进入新的发展阶段。1952 年全国高等学校院系调整后成为多科性工业大学。改革开放以来，通过实施"211"工程、"985"工程，开展"双一流"建设，清华大学成为设有 20 个学院、59 个系，11 个学科门类的综合性、研究型大学。

清华大学二校门

2011-8《清华大学建校一百周年》2011.4.24 发行

二、中国共产党成立九十周年

2011 年是中国共产党成立 90 周年。2011 年 6 月 22 日，中国邮政发行《中国共产党成立九十周年》纪念邮票。

党旗

开天辟地、烽火岁月、执政创业
改革大潮、世纪跨越、科学发展
2011-16《中国共产党成立九十周年》
2011.6.22 发行

三、中国首个空间实验室天宫一号发射成功

　　2011 年 9 月 29 日，中国首个空间实验室"天宫一号"在酒泉卫星发射中心发射成功。天宫一号目标飞行器是中国首个自主研制的载人空间试验平台，全长 10.4 米，最大直径 3.35 米，内部有效使用空间约 15 立方米，可满足 3 名航天员在舱内工作和生活需要，设计在轨寿命两年。2011 年 11 月 3 日，天宫一号与神舟八号飞船成功完成我国首次空间飞行器自动交会对接任务，并进行了二次自动交会对接；2012 年 6 月 18 日、24 日，天宫一号与神舟九号飞船先后成功进行首次载人交会对接和航天员手控交会对接。

中国首次载人交会对接成功

个 24《航天》个性化专用邮票 2012.6.25 发行

四、辛亥革命一百周年

2011 年 10 月 10 日，纪念辛亥革命一百周年大会在人民大会堂隆重举行。胡锦涛在会上发表重要讲话，他高度评价了辛亥革命的伟大意义，全面回顾了辛亥革命一百年来中国人民百折不挠、顽强拼搏的奋斗历程，深刻阐述了新形势下实现中华民族伟大复兴的历史使命，进一步提出了发展两岸关系、促进国家完全统一的殷切希望。

辛亥革命是发生在中国农历辛亥年（1911 年），旨在推翻清朝专制帝制、建立共和政体的全国性革命。1911 年 10 月 10 日夜，武昌起义爆发，至 1912 年元旦中华民国成立，孙中山就职中华民国临时大总统。

中国民主革命的伟大先行者——孙中山

武昌起义、推翻帝制

2011-24《辛亥革命一百周年》2011.10.10 发行

五、新华通讯社建社八十周年

　　2011 年 11 月 7 日，新华通讯社建社八十周年纪念大会在北京举行。1931 年 11 月 7 日，新华社的前身红色中华通讯社在江西瑞金成立，是中国共产党领导下成立最早的新闻机构。1937 年 1 月，在延安更名为新华通讯社，简称新华社。新华社是中国国家通讯社，法定新闻监管机构，同时也是世界性现代通讯社。新华社肩负党和人民赋予的神圣使命，发挥喉舌、耳目、智库和信息总汇作用，为党团结带领全国各族人民取得革命、建设和改革的重大胜利作出了重要贡献。

红色电波、抗战号角、解放战鼓、走向世界

2011-28《新华通讯社建社八十周年》2011.11.7 发行

2012年

一、中国共产主义青年团成立九十周年

2012年5月4日，是中国共产主义青年团成立九十周年纪念日。1922年5月5日，中国社会主义青年团在广州市东园正式成立。中国共产主义青年团是中国共产党领导的先进青年的群团组织，是中国共产党的助手和后备军。中国共青团中央受中共中央领导，受中国共产党的委托领导中国少年先锋队的工作，指导中华全国学生联合会开展工作。

胸怀理想、朝气蓬勃

2012-8《中国共产主义青年团成立九十周年》2012.5.4 发行

中国共产主义青年团团徽

J.32《中国共产主义青年团第十次全国
代表大会》1978.10.16 发行

高举火炬前进的青年

J.88《中国共产主义青年团第十一次全国
代表大会》1982.12.20 发行

二、《在延安文艺座谈会上的讲话》发表七十周年

《在延安文艺座谈会上的讲话》是毛泽东1942年5月23日在延安举行的文艺座谈会上的讲话。讲话中明确提出了"文艺为工农兵服务""古为今用、洋为中用"等一系列方针。标志着新文学与工农兵群众相结合的文艺新时期的开始。

2012年5月23日，纪念毛泽东同志《在延安文艺座谈会上的讲话》发表七十周年座谈会在北京举行。胡锦涛在讲话时指出，毛泽东同志《在延安文艺座谈会上的讲话》，把马克思主义基本原理同中国革命文艺实践创造性地结合起来，是我们党领导文艺事业的经典文献。

木刻《回忆延安》
1992-5《〈在延安文艺座谈会上的讲话〉发表五十周年》1992.5.23 发行

座谈会旧址、文艺发展繁荣
2012-11《〈在延安文艺座谈会上的讲话〉发表七十周年》2012.5.23 发行

三、海南省三沙市成立

　　2012 年 7 月 17 日，海南省四届人大常委会第三十二次会议通过了《关于成立三沙市人民代表大会筹备组的决定》。7 月 23 日，三沙市第一届人民代表大会开幕。来自西沙群岛、中沙群岛、南沙群岛的 45 名代表出席会议。24 日，三沙市成立大会暨揭牌仪式在三沙市人民政府驻地永兴岛举行，重达 68 吨的三沙市碑在永兴岛揭牌，三沙市人民政府、党委、人大和解放军三沙警备区同时挂牌成立。邮局启用新的邮政编码、邮戳，完成银行、医院等各机构的换牌工作。

主刺盖鱼、蓝斑鳃棘鲈、蓝斑蝴蝶鱼、橘尾蝴蝶鱼

西沙群岛风光、马夫鱼、千年笛鲷、圆斑拟鳞鲀、甲尻鱼

1998-29《海底世界·珊瑚礁观赏鱼》1998.12.22 发行

西沙岛屿

2004-24《祖国边陲风光》2004.10.1 发行

三沙七连屿

普 32《美丽中国》（一）2013.5.19 发行

四、中国共产党第十八次全国代表大会

2012 年 11 月 8 日至 14 日，中国共产党第十八次全国代表大会在北京召开。大会通过胡锦涛代表十七届中央委员会作的报告《坚定不移沿着中国特色社会主义道路前进，为全面建成小康社会而奋斗》，大会通过了《中国共产党章程（修正案）》。

11 月 15 日，中共十八届一中全会选举习近平为中央委员会总书记，决定习近平为中央军事委员会主席；批准王岐山为中央纪律检查委员会书记。

中国共产党第十八次全国代表大会

科学发展、继往开来

2012-26《中国共产党第十八次全国代表大会》2012.11.8 发行

五、中华民族伟大复兴的中国梦

2012 年 11 月 29 日，习近平总书记在中国国家博物馆参观《复兴之路》展览时指出，实现中华民族伟大复兴，就是中华民族近代以来最伟大的梦想……到中国共产党成立一百年时全面建成小康社会的目标一定能实现，到新中国成立一百年时，建成富强、民主、文明、和谐的社会主义现代化国家的目标一定能实现，中华民族伟大复兴的梦想一定能实现。

2013 年 3 月 17 日，习近平总书记在十二届全国人大一次会议闭幕会上讲话指出，实现中华民族伟大复兴的中国梦，就是要实现国家富强、民族振兴、人民幸福。实现中国梦，必须走中国道路、弘扬中国精神、凝聚中国力量。

神舟飞船与天宫一号交会对接、北斗卫星导航系统、辽宁号航空母舰、蛟龙号载人潜水器

2013-25M《中国梦——国家富强》小全张 2013.9.29 发行

政治文明、经济发展、文化繁荣、民族团结

2014-44M《中国梦——民族振兴》小全张 2014.9.20 发行

安居乐业、社会保障、社会和谐、美好生活

2015-15M《中国梦——人民幸福》小全张 2015.7.25 发行

2013年

一、十二届全国人大一次会议

2013年3月5日至17日，十二届全国人大一次会议在北京召开。会议批准了温家宝作的《政府工作报告》，批准了《国务院机构改革和职能转变方案》等议案。会议选举习近平为国家主席、中央军委主席，张德江为全国人大常委会委员长；任命李克强为国务院总理。

中华人民共和国第十二届全国人民代表大会

2013-4《中华人民共和国第十二届全国人民代表大会》2013.3.5 发行

二、"一带一路"国际合作倡议

　　丝绸之路起始于古代中国，连接亚洲、非洲和欧洲的古代商业贸易路线，最初的作用是运输古代中国出产的丝绸、瓷器等商品，后来成为东西方之间在经济、政治、文化诸多方面进行交流的主要道路。

　　2013年9月7日和10月3日，中国国家主席习近平分别在哈萨克斯坦纳扎尔巴耶夫大学、印度尼西亚国会发表演讲，先后提出共同建设"丝绸之路经济带"与"21世纪海上丝绸之路"，即"一带一路"倡议。2015年3月28日，经国务院授权，国家发展改革委、外交部、商务部联合发布《推动共建丝绸之路经济带和21世纪海上丝绸之路的愿景与行动》。

　　共建"一带一路"，致力于亚、欧、非大陆及附近海洋的互联互通，建立和加强沿线各国互联互通伙伴关系，构建全方位、多层次、复合型的互联互通网络，实现沿线各国多元、自主、平衡、可持续的发展。

西域胜境、神秘故国
大漠雄关、千年帝京
2012-19《丝绸之路》2012.8.1 发行

政治沟通、设施联通、贸易畅通、资金融通、民心相通、海上交通
2016-26M《海上丝绸之路》小全张 2016.9.10 发行

三、社会主义核心价值观

　　2013 年 12 月 11 日，中共中央办公厅印发《关于培育和践行社会主义核心价值观的意见》。《意见》指出：富强、民主、文明、和谐，自由、平等、公正、法治，爱国、敬业、诚信、友善，是社会主义核心价值观的基本内容。

有国才有家、中国梦　牛精神、中国梦　我的梦

2015–29《图说我们的价值观》2015.11.29 发行

*2014*年

一、京杭大运河列入世界文化遗产

2014 年 6 月 22 日，在卡塔尔首都多哈举行的第三十八届世界遗产大会宣布，中国大运河项目成功入选世界文化遗产名录，成为中国第四十六个世界遗产项目。此次申报世界文化遗产的大运河包括中国中东部地区的隋唐大运河、京杭大运河和浙东运河等河道遗产 27 段，总长度 1011 公里，相关遗产共计 58 处。

京杭大运河是世界上里程最长、工程最大的古代运河，也是最古老的运河之一，一直使用至今，是中国古代劳动人民创造的一项伟大工程。京杭大运河南起余杭（今杭州），北到涿郡（今北京），途经今浙江、江苏、山东、河北四省及天津、北京两市，贯通海河、黄河、淮河、长江、钱塘江五大水系，全长约 1797 公里。京杭大运河对中国南北地区之间的经济、文化发展与交流，特别是对沿线地区工农业经济的发展起了巨大作用。

千里通波

京杭大运河·燃灯塔
1.20元 CHINA 中国邮政

1.20元 CHINA 中国邮政
京杭大运河·天后宫

京杭大运河·山陕会馆
1.20元 CHINA 中国邮政

1.20元 CHINA 中国邮政
京杭大运河·清江闸

京杭大运河·文峰塔
1.20元 CHINA 中国邮政

1.20元 CHINA 中国邮政
京杭大运河·拱宸桥

燃灯塔、天后宫、山陕会馆
清江闸、文峰塔、拱宸桥
2009−23《京杭大运河》2009.9.26 发行

二、全国人民代表大会成立六十周年

2014年9月5日，庆祝全国人民代表大会成立六十周年大会在北京举行。2014年9月15日，中国邮政发行《全国人民代表大会成立六十周年》纪念邮票。

当家作主、依法治国

2014-21《全国人民代表大会成立六十周年》2014.9.15 发行

三、《长江》邮票

2014年9月13日，中国邮政发行《长江》邮票。长江与黄河被誉为中华民族的"母亲河"。长江是亚洲第一长河和世界第三长河，全长约6300公里，发源于青藏高原东部唐古拉山脉各拉丹冬峰，经西藏、青海、四川、云南、重庆、湖北、湖南、江西、安徽、江苏、上海11个省、自治区和直辖市，在上海汇入东海。长江流域生态类型多样，水生生物资源丰富，孕育了丰富多彩的文化和自然遗产。

大江东去、山水重庆、三峡奇观，楚湘临江、庐山水韵、黄山独秀，金陵春晓、江畔水乡、东流入海

2014-20《长江》2014.9.13 发行

四、设立"扶贫日"

　　根据 2014 年 8 月 1 日国务院决定，从 2014 年起，将每年 10 月 17 日设立为"扶贫日"。2015 年 11 月 29 日，颁布《中共中央国务院关于打赢脱贫攻坚战的决定》。

扶贫日

2016–30《扶贫日》2016.10.17 发行

五、举行亚太经合组织第二十二次领导人非正式会议

　　2014 年 11 月 11 日，亚太经合组织（APEC）第二十二次领导人非正式会议在北京雁栖湖举行。中国国家主席习近平主持会议并发表讲话，倡导共建互信、包容、合作、共赢的亚太伙伴关系。会议决定启动亚太自由贸易区（FTAAP）进程。

亚太经合组织第二十二次领导人非正式会议

2014–26《亚太经合组织第二十二次领导人非正式会议》2014.11.10 发行

2015年

一、京津冀协同发展重大国家战略

　　2015年6月9日，中共中央、国务院印发《京津冀协同发展规划纲要》。中共中央在"十三五"规划建议中提出，京津冀协同发展要优化城市空间布局和产业结构，有序疏解北京非首都功能，推进交通一体化，扩大环境容量和生态空间，探索人口经济密集地区优化开发新模式。2015年，京津冀协同发展，努力推动三地"一张图"规划、"一盘棋"建设、"一体化"发展，在交通一体化、生态环境、产业对接三个重点领域率先突破。

交通互通联网、生态联防联治、产业对接协作
2017-5《京津冀协同发展》2017.3.9 发行

二、中国获得 2022 年冬奥会主办权

2015 年 7 月 31 日，国际奥委会第 128 次全会在吉隆坡举行。经过投票，北京以 44 票对 40 票击败对手阿拉木图，赢得 2022 年第 24 届冬季奥林匹克运动会的举办权。当晚，习近平总书记致信申办冬奥会代表团，祝贺他们申奥成功，并勉励他们在全国各族人民大力支持下，把 2022 年冬奥会办成一届精彩、非凡的奥运盛会。

北京 2022 年冬奥会申办徽志
特 10-2015《北京申办 2022 年
冬奥会成功纪念》2015.7.31 发行

冬奥会会徽、冬残奥会会徽
2017-31《北京 2022 年冬奥会
会徽和冬残奥会会徽》2017.12.31 发行

越野滑雪、高山滑雪、冬季两项、自由式滑雪
2018-32《北京 2022 年冬奥会——雪上运动》2018.11.16 发行

三、《黄河》邮票

　　2015 年 8 月 23 日，中国邮政发行《黄河》邮票。黄河是中国第二大河，是中华文明最主要的发源地之一，是中华民族的"母亲河"。黄河发源于巴颜喀拉山北麓约古宗列盆地，流经青海、四川、甘肃、宁夏、内蒙古、陕西、山西、河南、山东 9 省（自治区），在山东省东营市垦利县注入渤海，全长约为 5464 千米，流域面积约 75.24 万平方千米。黄河流域不仅拥有雄伟壮丽的山河景观，也孕育出了灿烂悠久的中华文明。

　　黄河流域生态保护和高质量发展，是国家重大战略之一。

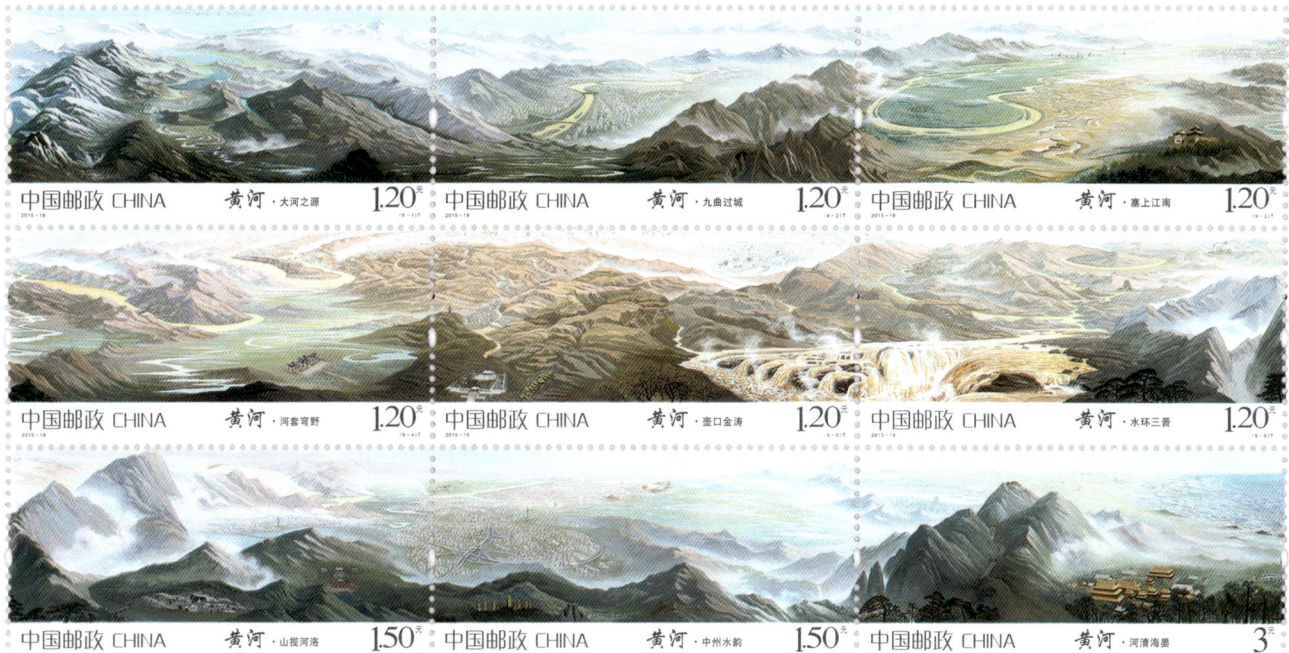

大河之源、九曲过城、塞上江南
河套穹野、壶口金涛、水环三晋
山揽河洛、中州水韵、河清海晏
2015-19《黄河》2015.8.23 发行

四、中国人民抗日战争暨世界反法西斯战争胜利七十周年

2015 年是中国人民抗日战争暨世界反法西斯战争胜利七十周年。

2015 年 9 月 3 日，纪念中国人民抗日战争暨世界反法西斯战争胜利七十周年大会和阅兵仪式在北京天安门广场举行。

雕塑《大刀进行曲》

"九·一八"历史博物馆、东北烈士纪念馆、中国人民抗日战争纪念馆
上海淞沪抗战纪念馆、侵华日军南京大屠杀遇难同胞纪念馆、台儿庄大战纪念馆
延安革命纪念馆、八路军总部旧址纪念馆、百团大战纪念馆
平型关大捷纪念馆、冉庄地道战纪念馆、新四军纪念馆
滇西抗战纪念馆

2015-20《中国人民抗日战争暨世界反法西斯战争胜利七十周年》2015.9.3 发行

五、南海五座灯塔投入使用

    2015 年 10 月 9 日，交通运输部在南海华阳礁举行华阳灯塔和赤瓜灯塔竣工发光仪式，宣布两座大型多功能灯塔正式发光并投入使用。这两座灯塔的建成，填补了南沙水域民用导助航设施的空白，大大改善南海水域通航环境，可为航经该水域的各国船舶提供航路指引、安全信息、应急救助等公益服务，降低船舶航行风险，减少海损事故发生。此后，渚碧灯塔、永暑灯塔和美济灯塔陆续建成发光并投入使用，维护了我国南海主权和海洋权益。

华阳灯塔、赤瓜灯塔、渚碧灯塔、永暑灯塔、美济灯塔

2016–19《中国灯塔》（二）2016.10.28 发行

2016年

一、长江经济带发展重大国家战略

长江经济带发展作为中国新一轮改革开放转型实施新区域开放开发战略，是具有全球影响力的内河经济带、东中西互动合作的协调发展带、沿海沿江沿边全面推进的对内对外开放带，也是生态文明建设的先行示范带。

长江经济带覆盖上海、江苏、浙江、安徽、江西、湖北、湖南、重庆、四川、云南、贵州等11省市，面积约205万平方公里，占全国的21%，人口和经济总量均超过全国的40%。

共抓大保护、综合立体交通走廊、产业转型升级、新型城镇化、开放新格局、区域协调发展
2018-23M《长江经济带》小全张 2018.8.26 发行

二、中国高铁发展成就

2016 年 7 月 15 日，中国标准动车组"复兴号"以超过 420 千米的时速在郑徐高铁（郑州—徐州）上交会，创造了高铁列车交会速度的世界新纪录。

高速铁路建设、高速动车整备场
高速铁路桥梁、高速铁路客站

"复兴号"动车组
2017-29《中国高速铁路发展成就》2017.11.25 发行

三、二十国集团领导人第十一次峰会

2016年9月3日至4日，二十国集团领导人第十一次峰会在我国浙江杭州举行。中国国家主席习近平在峰会开幕式上发表主旨演讲，提出建设创新、开放、联动、包容型世界经济，强调全球经济治理应该以平等为基础，更好地反映世界经济格局的新现实。

二十国集团（G20）领导人峰会是一个国际经济合作论坛，于1999年12月16日在德国柏林成立，属于布雷顿森林体系框架内非正式对话的一种机制，由原八国集团以及其余十二个重要经济体组成。旨在推动已工业化的发达国家和新兴市场国家之间就实质性问题进行开放及有建设性的讨论和研究，以寻求合作并促进国际金融稳定和经济的持续增长。

二十国集团杭州峰会标识

2016-25《2016年二十国集团杭州峰会》2016.8.27发行

四、中国工农红军长征胜利八十周年

2016 年 10 月 21 日，纪念红军长征胜利八十周年大会在北京举行。2016 年 10 月 22 日，中国邮政发行《中国工农红军长征胜利八十周年》纪念邮票。

长征出发、遵义会议
四渡赤水、过雪山草地
胜利会师、缅怀先烈 不忘初心 走好新的长征路
2016-31《中国工农红军长征胜利八十周年》2016.10.22 发行

五、多项科技新成果问世

2016 年我国在科技领域取得了多项新成就。6 月 20 日，我国自主研制的第一台全部采用国产处理器构建的"神威·太湖之光"夺得世界超级计算机冠军。"神威·太湖之光"超级计算机系统，经过清华大学和国家超级计算无锡中心的积极运营，开展了众多应用课题。

世界上第一颗空间量子科学实验卫星"墨子号"是由我国完全自主研制的世界上第一颗空间量子科学实验卫星，于 2016 年 8 月 16 日发射升空。该卫星由中国科学院量子信息与量子科技前沿卓越创新中心主导完成。

500 米口径球面射电望远镜被誉为"中国天眼"，由我国天文学家南仁东于 1994 年提出构想，历时 22 年建成，于 2016 年 9 月 25 日在贵州平塘落成并启用。"中国天眼"是由中国科学院国家天文台主导建设，具有我国自主知识产权、世界最大单口径、最灵敏的射电望远镜，综合性能是著名的射电望远镜阿雷西博的 10 倍。

"探索一号"原名"海洋石油 299"，隶属于中国科学院深海科学与工程研究所，拟改造成为 4500 米载人潜水器母船及深海科考通用平台，主要用于海洋资源探测、地球化学研究、海洋生物采集等，并兼顾中科院未来发展相适应的科学项目。2016 年 5 月 5 日，我国 4500 米载人潜水器以及万米深潜作业的工作母船——"探索一号"在中船澄西广州公司完成主体改修工程，正式交付中国科学院。

"神威·太湖之光"超级计算机、"墨子号"量子科学实验卫星
500 米口径球面射电望远镜、"探索一号"科考船
2017–23《科技创新》2017.9.17 发行

*2017*年

一、商务印书馆创立一百二十周年

2017 年 2 月 11 日，商务印书馆迎来一百二十岁生日。商务印书馆是中国历史最悠久的出版机构，1897 年创办于上海。商务印书馆的创立标志着中国现代出版业的开始。新中国成立后，商务印书馆积极完成公私合营改造，于 1954 年迁至北京，在国家的大力支持下开始了新的奋斗历程，逐步发展成为现当代中国首屈一指的出版和文化机构。100 多年来，商务印书馆出版以中外语言工具书、汉译世界名著等为代表的图书 5 万余种，为昌明教育、开启民智、普及知识、传播文化、扶助学术作出了重要贡献。

商务印书馆标志
2017-4《商务印书馆》2017.2.21 发行

二、雄安新区设立

2017 年 4 月 1 日，中共中央、国务院印发通知，决定设立河北雄安新区。习近平总书记在中共中央政治局会议上讲话指出，建设北京城市副中心和雄安新区两个新城，形成北京新的两翼。这是我们城市发展的一种新选择。在新的历史阶段，集中建设这两个新城，形成北京发展新的骨架，是千年大计、国家大事。雄安新区规划地处北京、天津、保定腹地，区位优势明显、交通便捷通畅、生态环境优良、资源环境承载能力较强，现有开发程度较低，发展空间充裕，具备高起点高标准开发建设的基本条件。设立雄安新区对于集中疏解北京非首都功能，探索人口经济密集地区优化开发新模式，调整优化京津冀城市布局和空间结构，培育创新驱动发展新引擎，具有重大现实意义和深远历史意义。

新起点、新使命
2017-30《河北雄安新区设立纪念》2017.12.22 发行

三、C919 大型客机首飞成功

2017 年 5 月 5 日，我国按照国际民航规章自行研制、具有自主知识产权的大型喷气式民用飞机 C919 首飞成功。

中国首架喷气式支线客机交付运营
2015-28《中国首架喷气式支线客机交付运营》2015.11.28 发行

四、"一带一路"国际合作高峰论坛

2017 年 5 月 14 日至 15 日，首届"一带一路"国际合作高峰论坛在北京举行。中国国家主席习近平出席开幕式并发表主旨演讲，强调要将"一带一路"建成和平之路、繁荣之路、开放之路、创新之路、文明之路。

2019 年 4 月 25 日至 27 日，第二届"一带一路"国际合作高峰论坛在北京举行。习近平主席在开幕式上强调，要秉持共商共建共享原则，坚持开放、绿色、廉洁理念，努力实现高标准、惠民生、可持续目标，推动共建"一带一路"沿着高质量发展方向不断前进。

"一带一路"国际合作高峰论坛标志
2017-10《"一带一路"国际合作高峰论坛》
2017.5.14 发行

一带一路 共赢发展
个 45《一带一路 共赢发展》2017.6.11 发行

五、中国人民解放军建军九十周年

2017 年 7 月 30 日，庆祝中国人民解放军建军九十周年阅兵式在朱日和联合训练基地举行。
2017 年 8 月 1 日，中国邮政发行《中国人民解放军建军九十周年》纪念邮票。

听党指挥

陆军、海军、空军
火箭军、战略支援部队、武装警察部队
2017-18《中国人民解放军建军
九十周年》2017.8.1 发行

六、内蒙古自治区成立七十周年

　　2017年8月8日，内蒙古自治区成立七十周年庆祝大会在呼和浩特市隆重举行。1947年4月23日，内蒙古人民代表会议在王爷庙（今乌兰浩特市）召开。5月1日，选举产生以乌兰夫为主席的内蒙古自治政府。

　　内蒙古自治政府于1949年12月2日改称内蒙古自治区人民政府。70年来特别是改革开放以来，内蒙古各项事业跨越发展，取得了举世瞩目的辉煌成绩，经济实力显著增强，基础设施大幅改善，人民生活蒸蒸日上，民族文化繁荣发展，民族关系团结和谐，党的建设与时俱进。

欢庆胜利、草原钢城、牧区新貌

J.16《内蒙古自治区成立三十周年》1977.5.1 发行

欢庆、团结、奋进

1997-6《内蒙古自治区成立五十周年》1997.5.1 发行

内蒙古自治区成立六十周年

2007-6M《内蒙古自治区成立六十周年》小全张 2007.5.1 发行

内蒙古自治区成立七十周年

2017-9《内蒙古自治区成立七十周年》2017.5.1 发行

七、金砖国家领导人厦门会晤

金砖国家（BRICS），特指世界新兴市场国家。因其引用了巴西（Brazil）、俄罗斯（Russia）、印度（India）、中国（China）和南非（South Africa）的英文首字母形成的词与英语单词的砖（Brick）类似，因此被称为"金砖国家"。2009年，金砖国家领导人在俄罗斯叶卡捷琳堡举行首次会晤，之后每年举行一次。金砖国家领导人会晤机制的建立，为金砖国家之间的合作与发展提供了政治指引和强大动力。多年来，金砖国家在重大国际和地区问题上共同发声，积极推进全球经济治理改革进程，大大提升了新兴市场国家和发展中国家的代表性和发言权。

2017年9月3日至5日，金砖国家领导人第九次会晤在福建厦门举行。中国国家主席习近平主持会晤并发表讲话，强调要推进经济务实合作，加强发展战略对接，推动国际秩序朝更加公正合理方向发展，促进人文民间交流，共同开启金砖合作第二个"金色十年"。

金砖国家领导人厦门会晤

2017-19《金砖国家领导人厦门会晤》2017.8.19 发行

八、中国共产党第十九次全国代表大会

2017 年 10 月 18 日至 24 日，中国共产党第十九次全国代表大会举行。大会通过了习近平代表十八届中央委员会作的报告《决胜全面建成小康社会　夺取新时代中国特色社会主义伟大胜利》，通过了《中国共产党章程（修正案）》。

10 月 25 日，中共十九届一中全会选举习近平为中央委员会总书记，决定习近平为中央军委主席，批准赵乐际为中央纪委书记。

不忘初心、继续前进

筑梦

2017-26《中国共产党第十九次全国代表大会》2017.10.18 发行

一、十三届全国人大一次会议

2018 年 3 月 5 日至 20 日，十三届全国人大一次会议在北京人民大会堂召开。大会通过了李克强作的《政府工作报告》。大会产生了新一届国家机构组成人员。选举习近平为中华人民共和国主席、中华人民共和国中央军委主席，栗战书为全国人民代表大会常务委员会委员长，王岐山为中华人民共和国副主席。决定李克强为国务院总理。

人民大会堂

2018-5《中华人民共和国第十三届全国人民代表大会》 2018.3.5 发行

二、纪念马克思诞辰二百周年

2018 年 5 月 4 日，纪念马克思诞辰二百周年大会在北京举行。习近平总书记在讲话中深情缅怀马克思伟大光辉的一生，深刻阐释了马克思主义的科学体系、丰富内涵及其对人类社会发展的巨大作用，总结了我们党带领人民创造性推进马克思主义中国化的壮阔历程和丰硕成果，提出了新时代继续推进马克思主义中国化的要求。

马克思像（1867 年）、马克思在伦敦德国工人教育协会上作报告

纪 46《马克思诞生一四〇周年纪念》1958.5.5 发行

马克思和恩格斯侧面像、《共产党宣言》1848 年德文版封面

纪 51《共产党宣言发表一百十周年》1958.7.1 发行

马克思像、全世界无产者联合起来、马克思与恩格斯

纪 98《马克思诞生一四五周年》1963.5.5 发行

马克思像

J.90《马克思逝世一百周年》1983.3.14 发行

马克思像、马克思与恩格斯像

2018-9《马克思诞辰 200 周年》 2018.5.5 发行

三、上海合作组织青岛峰会

2018 年 6 月 9 日至 10 日，上海合作组织青岛峰会在山东青岛举行。10 日，中国国家主席习近平主持会议并发表讲话，他强调要提倡创新、协调、绿色、开放、共享的发展观，践行共同、综合、合作、可持续的安全观，秉持开放、融通、互利、共赢的合作观，树立平等、互鉴、对话、包容的文明观，坚持共商共建共享的全球治理观，不断改革完善全球治理体系，推动各国携手建设人类命运共同体。

上海合作组织是永久性的政府间国际组织（简称"上合组织"）。2001 年 6 月 15 日，上合组织成员国元首理事会首次会议在中国上海举行。中国、哈萨克斯坦、吉尔吉斯斯坦、俄罗斯、塔吉克斯坦、乌兹别克斯坦六国元首签署了《上海合作组织成立宣言》。

上海合作组织青岛峰会

2018-16《上海合作组织青岛峰会》2018.6.9 发行

四、港珠澳大桥开通

2018 年 10 月 23 日，港珠澳大桥开通仪式在广东省珠海市举行。习近平总书记出席了大桥开通仪式，并宣布大桥正式开通。港珠澳大桥跨越伶仃洋，东接香港特别行政区，西接广东省珠海市和澳门特别行政区，总长约 55 公里，2009 年 12 月 15 日动工建设，2017 年 7 月 7 日实现主体工程全线贯通，2018 年 2 月 6 日完成主体工程验收，2018 年 10 月 24 日开通运营。

港珠澳大桥是国家重点工程，是在"一国两制"下，粤港澳三地首次合作共建的超大型跨海交通工程，创下了多项世界之最。大桥建成体现出我国的综合国力、自主创新能力，勇创世界一流的民族志气，成为中国从桥梁大国走向桥梁强国的里程碑。大桥建成通车，极大地缩短了珠海、香港和澳门三地间的时空距离，对推进粤港澳大湾区建设具有重大意义。

青州桥、东人工岛、海底隧道

2018-31《港珠澳大桥通车纪念》2018.10.23 发行

五、首届中国国际进口博览会

2018 年 11 月 5 日至 10 日，首届中国国际进口博览会在上海举行。习近平总书记在开幕式发表主旨演讲。

中国国际进口博览会（简称 CIIE）旨在坚定支持贸易自由化和经济全球化，主动向世界开放市场。展会包括国家贸易投资综合展（简称国家展）和企业商业展（简称企业展），以及虹桥国际经贸论坛。国家展是本届中国国际进口博览会的重要内容，共有 82 个国家、3 个国际组织设立 71 个展台，展览面积约 3 万平方米，展示国家形象、经贸发展成就和特色优势产品。

开放合作、共享未来

2018–30《中国国际进口博览会》2018.11.5 发行

六、改革开放四十周年

2018 年 11 月 13 日，"伟大的变革——庆祝改革开放四十周年大型展览"在中国国家博物馆开幕。

2018 年 12 月 18 日，庆祝改革开放四十周年大会在北京举行。同日，中国邮政发行《改革开放四十周年》纪念邮票。

高举旗帜、伟大实践

筑梦新时代

2018-34《改革开放四十周年》2018.12.18 发行

七、"不忘初心、牢记使命"主题教育

2017年10月18日，习近平总书记在中共十九大的报告中提出，弘扬马克思主义学风，推进"两学一做"学习教育常态化制度化，以县处级以上领导干部为重点，在全党开展"不忘初心、牢记使命"主题教育，用党的创新理论武装头脑，推动全党更加自觉地为实现新时代党的历史使命不懈奋斗。

为中国人民谋幸福，为中华民族谋复兴，是中国共产党人的初心和使命，是激励一代代中国共产党人前赴后继、英勇奋斗的根本动力。

中共中央决定从2019年6月开始，在全党自上而下分两批开展"不忘初心、牢记使命"主题教育。

不忘初心　牢记使命
个49《不忘初心　牢记使命》个性化服务专用邮票 2018.7.1 发行

一、推进粤港澳大湾区建设

　　粤港澳大湾区由香港、澳门两个特别行政区和广东省广州、深圳、珠海、佛山、惠州、东莞、中山、江门、肇庆（珠三角）9个地市组成，总面积5.6万平方公里，2018年末总人口已达7000万人，是中国开放程度最高、经济活力最强的区域之一，在国家发展大局中具有重要战略地位。

　　2017年7月1日，习近平总书记出席在香港举行的《深化粤港澳合作　推进大湾区建设框架协议》签署仪式，建设粤港澳大湾区成为重大国家战略。2019年2月18日，中共中央、国务院《粤港澳大湾区发展规划纲要》公开发表。按照规划纲要，粤港澳大湾区不仅要建成充满活力的世界级城市群、国际科技创新中心、"一带一路"建设的重要支撑、内地与港澳深度合作示范区，还要打造成宜居、宜业、宜游的优质生活圈，成为高质量发展的典范。以香港、澳门、广州、深圳四大中心城市作为区域发展的核心引擎。对港澳参与国家发展战略，提升竞争力，保持长期繁荣稳定具有重要意义。

国际科创中心、要素便捷流动、优质生活圈
2019-21M《粤港澳大湾区》小全张 2019.9.26 发行

二、2019年中国北京世界园艺博览会

2014年6月11日，国际展览局第155次大会表决一致认可2019年中国北京世界园艺博览会（简称"2019北京世园会"），主题为"绿色生活，美丽家园"。2019北京世园会是由中国政府主办、北京市承办的最高级别的世界园艺博览会，是继云南昆明后中国第二个获得国际园艺生产者协会批准及国际展览局认证授权举办的A1级国际园艺博览会。

2019年4月28日，2019年中国北京世界园艺博览会开幕，中国国家主席习近平出席并发表题为《共谋绿色生活，共建美丽家园》的讲话，强调顺应自然、保护生态的绿色发展昭示着未来。地球是全人类赖以生存的唯一家园。中国愿同各国一道，共同建设美丽地球家园，共同构建人类命运共同体。世园会会址位于北京延庆区，共有86个国家、地区和24个国际组织参展，10月9日闭幕，有934万人次参观。

绿色生活、美丽家园

2019-7《2019中国北京世界园艺博览会》2019.4.28发行

三、"五四"运动一百周年

　　2019 年 4 月 30 日，纪念"五四"运动一百周年大会在北京举行，习近平总书记发表重要讲话。"五四"运动以来的一百年，是中国青年一代又一代接续奋斗、凯歌前行的一百年，是中国青年用青春之我创造青春之中国、青春之民族的一百年。"五四"运动孕育了以爱国、进步、民主、科学为主要内容的伟大"五四"精神，其核心是爱国主义精神。新时代中国青年运动的主题，新时代中国青年运动的方向，新时代中国青年的使命，就是坚持中国共产党领导，同人民一道，为实现"两个一百年"奋斗目标、实现中华民族伟大复兴的中国梦而奋斗。

"五四"运动浮雕、新长征

J.37《纪念"五四"运动六十周年》1979.5.4 发行

传承"五四"精神、奋进新时代

2019-8《"五四"运动一百周年》2019.5.4 发行

四、中国成为世界遗产最多的国家

2019 年 7 月 6 日，在阿塞拜疆巴库召开的联合国教科文组织第 43 届世界遗产大会上，中国申报的黄（渤）海候鸟栖息地（第一期）和良渚古城遗址通过审议被列入世界遗产名录。至此，中国的世界遗产已达 55 项，其中世界文化遗产 37 项、世界文化与自然双重遗产 4 项、世界自然遗产 14 项，与意大利并列成为拥有世界遗产最多的国家。

丹顶鹤

特 48《丹顶鹤》1962.6.10 发行

玉琮、玉璧

2011-4《良渚玉器》2011.3.8 发行

五、中国人民政治协商会议成立七十周年

　　2019 年 9 月 20 日，中央政协工作会议暨庆祝中国人民政治协商会议成立七十周年大会在北京召开。

2019 年 9 月 21 日，中国邮政发行《中国人民政治协商会议成立七十周年》纪念邮票。

人民政协七十周年

全国政协礼堂新貌

2019-20《中国人民政治
协商会议成立七十周年》
2019.9.21 发行

六、中华人民共和国成立七十周年

2019 年 10 月 1 日，庆祝中华人民共和国成立七十周年大会在北京天安门广场隆重举行。习近平总书记发表重要讲话并检阅受阅部队。

受阅部队近 15000 名官兵，以 15 个徒步方队、32 个装备方队、580 台装备通过天安门广场，11 个空中梯队掠过广场上空。这是中国特色社会主义进入新时代后的首次国庆阅兵，也是共和国武装力量改革重塑后的首次整体亮相。10 万群众的游行，分为建国创业、改革开放、伟大复兴三个篇章，70 组彩车组成 36 个方阵行进，充分展示了新中国成立 70 年来的辉煌成就，有力彰显了国威军威，极大振奋了民族精神，广泛激发了各方面力量。

当晚，庆祝中华人民共和国成立七十周年联欢活动在北京天安门广场举行。中国邮政于当天发行《中华人民共和国成立七十周年》纪念邮票。

经济持续健康发展、社会主义民主政治推进
文化繁荣兴盛、人民生活不断改善
建设美丽中国

祝福祖国

2019-23《中华人民共和国成立七十周年》2019.10.1 发行

附录一

新中国珍邮简述

1949 年 10 月 1 日，毛泽东主席在天安门城楼上向全世界庄严宣告中华人民共和国成立。7 天后，即 10 月 8 日，新中国第一套全国通用的纪念邮票——纪 1《庆祝中国人民政治协商会议第一届全体会议》正式发行。这套邮票的诞生，标志着中华人民共和国邮票事业的开端，中国邮票史从此翻开了新的一页。

在 20 世纪 50 年代至 80 年代初期，中国邮票的整体水平，就世界范围而言并不落后，甚至在某些方面已经走在了世界前列，并且上升势头强劲。其原因是中国人民邮政大踏步前进和群众性集邮活动的广泛开展。在此形势下，邮政主管部门采取了一系列既适合中国国情，又符合邮票发行规律的措施，中国邮票史迎来了空前的繁荣时期。这个时期发行的邮票有着鲜明的民族特色，选题、设计、印制质量都很高。其中一些邮票的艺术价值之高是举世公认的，如《中华人民共和国成立十周年》《祖国风光》《黄山风景》《革命摇篮——井冈山》《林业建设》《牡丹》《菊花》《云南山茶花》《金鱼》《蝴蝶》《留园》《关汉卿戏剧创作七百年》《梅兰芳舞台艺术》《齐白石作品选》《奔马》《中国古典小说——〈西游记〉》《〈红楼梦〉——金陵十二钗》等。它们都有着强烈的时代烙印，真实地反映了伟大祖国的光辉历程，在方寸之间描绘出美丽中国悠久的历史文化和建设成就。

同时，在这个时期的邮票中，也产生了一些珍贵的邮票。它们有着与众不同的特点：或是因为名称、设计失误，或是因为其他原因而中止发行、撤销发行。这些邮票数量极少，经常在拍卖场上出风头，成为集邮界、收藏界竞相追寻的珍邮。如下列邮票：

纪 20《伟大的苏联十月革命三十五周年纪念》停售邮票；

蓝色"军人贴用"邮票；

特 15《首都名胜》天安门图"放光芒"未发行邮票；

纪 54《第五届世界学生代表大会》停售邮票；

纪 92《中国古代科学家》（第二组）蔡伦"公元前"错版邮票；

特 62《京剧脸谱》未发行邮票；

《纪念毛主席创建井冈山革命根据地 40 周年》中止发行邮票；

《毛主席为日本工人们题词》中止发行邮票；

《无产阶级文化大革命的全面胜利万岁》中止发行邮票；

《全国山河一片红》撤销发行邮票。

附录二

2. 政治建设

107、233、257、258、290、291

国旗：002、003、021、022、068、081、113、121、127、135、149、165、167、191、203、206、242、243、290

国歌：002、113、130

国徽：021、091、092、103、113、129、180、184、190、206、259

国庆：002、048、068、091、135、154、188、206、242、243

全国人大：021、069、092、103、130、149、167、184、202、206、259、264、284

人民政协：001、005、241

法律：008、021、085、092、103、129、180、190、215、296

公安：130

群众团体：工人209；青年252、294；妇女131、132、174；儿童049、152、153；华侨220

中华民族：154、188、258、290

民族自治：内蒙古280、281；西藏010、043、070；新疆022、028；广西036；宁夏041

地方建设：海南150、254；重庆179

3. 文化建设

016、030、061、115、253、258、261

文化传媒：新闻出版011、109、251、277；图书馆234；电影电视041、163

文学艺术：文学073、074、235；绘画105、106、117、118；雕塑107、112、159、228、269、290、294；戏曲058、059、196；舞蹈028、037、114、154、188

文化遗产：063、090、146、147、148、160、161、177、192、204、213、218、248、256、262、263、295

非物质文化遗产：196、213、214、241

民俗：119、190、191、220、241

纪念地：005、038、056、080、087、099、162、224、248、253、270、283、291；天安门001、003、006、032、048、056、068、080、087、129、154、207、242、243、248、283、290

文物：075、076、083、145

历史事件：虎门销烟143；辛亥革命250；"五四"运动294

4. 社会建设

人物（按姓氏笔画排列）：马克思 285、286，方志敏 238，王选 240，王尽美 237，王进喜 239，王树声 027，王淦昌 139、187，毛泽东 003、005、006、011、012、061、073、074、098、099、101、102、103、168，邓小平 088、109、127、165、178、180、190、205，邓中夏 236，邓恩铭 237，邓稼先 187、240，韦拔群 236，中国女排五连冠群体 240，叶挺 236，左权 238，白求恩 238，列宁 020，华罗庚 034、240，向警予 238，刘少奇 120，刘志丹 236，刘伯承 026，刘英俊 011、239，刘胡兰 239，齐白石 117、118，关向应 238，许继慎 236，孙中山 142，时传祥 240，何叔衡 237，张太雷 237，李大钊 239，李四光 240，杨开慧 238，杨虎城 239，杨靖宇 238，苏兆征 236，邹韬奋 239，宋庆龄 124，陈云 193，陈赓 027，陈毅 026，陈延年 237，陈景润 102、240，陈嘉庚 239，冼星海 238，林巧稚 240，罗亦农 237，罗荣桓 026，罗炳辉 238，罗瑞卿 027，恽代英 237，段德昌 237，赵世炎 238，赵博生 237，贺龙 026，埃德加·斯诺 238，聂耳 002、238，聂荣臻 027，恩格斯 285、286，钱三强 186，钱学森 034、186、240，徐向前 026，徐海东 027，郭永怀 187，梅兰芳 058、059，黄公略 236，黄克诚 027，斯大林 006，彭湃 236，彭雪枫 238，彭德怀 026，董振堂 237，粟裕 027，谢子长 237，焦裕禄 072、239，萧劲光 027，鲁迅 238，雷锋 061、239，蔡和森 237，谭政 027，瞿秋白 239

教育：015、094、137、185、220、247

体育：012、044、047、051、116、122、123、127、134、158、175、194、198、204、229、230、231、232、246、267

医疗卫生：024、060、094、131、203

社会服务：016、040、094、132、258

社会治理：143

防灾减灾：162、184、203、228

社会保障与扶贫：149、258、265

5. 生态文明建设

绿水青山：036、037、041、042、160、161

美丽中国：110、125、126、140、150、200、207、210、255、264、268

自然遗产：148、160、161、177、192、295

植物：054、055、066、067、202；植树绿化 029、111

动物：053、062、105、106、108、119、170、171、218、254、272

环境保护：085、086、169、266、272

6.国防和军队建设

八一建军节：101、144、182、223、279

红军长征：176、221、275

抗日战争：173、211、269、270

抗美援朝：007

中国人民解放军：011、016、061、127、130、223、243、279

生产建设兵团：022

军衔：026、027

装备：155、182、243、257、279

7.“一国两制”和推进祖国统一

香港回归祖国 180、181

澳门回归祖国 190、191

海峡两岸关系 110、164、233

8.外交

中外建交与交往：苏联（俄罗斯）004、006、017；朝鲜 007；美国 007、108；法国 063；日本 084

国际组织：116、198、199；联合国 081、088

国际合作：260、278

国际会议：025、174、197、219、244、265、274、278、282、287

国际会展：244、245、293

9. 党的建设

党旗、党徽：011、102、121、125、129、144、162、165、182、196、223、224、248、256、279、283

党的成立：011、056、080、125、162、196、248

党的全国代表大会：032、102、129、144、165、182、200、224、256、283

党的中央全会：109、233、290

党的学习教育：275、283、291

党的干部：072

编后记

　　近代以降，百年沧桑，风云巨变。在中国共产党的领导下，无数革命先烈，更有志士仁人，勇于前赴后继，一路披荆斩棘，抛头颅洒热血，于1949年10月，开启了中华人民共和国的历史。白驹过隙，沧海一粟。然新中国岁月，却是艰难困苦，始得玉汝于成。值此新中国成立70周年暨全面建成小康社会关键之年，我们为读者奉献的这本《邮票上的新中国》，用方寸空间展现新中国70年之锦绣辉煌。

　　邮票因其特殊的内容体现和发行方式，特别适于展示国家的成就及其崭新面貌，颇能以小见大。因此，中国言实出版社《邮票上的新中国》这个选题在2019年国家新闻出版署的年度选题分析中获得肯定。

　　新中国成立以来发行的邮票数量较多，对于如何选择邮票，以什么方式展示新中国的辉煌成就，是我们首要考虑的问题。在策划阶段，经过与作者、相关专家的反复讨论，我们商定采用以下方式编撰。

　　一是本书按照编年方式撰写，以新中国成立以来发行的邮票体现新中国的发展史。但由于邮票本身不可能展示新中国历史全貌，所以它呈现出来的是"邮票上的新中国"，内容的编写须与邮票有关。

　　二是本书按照深刻学习领会习近平新时代中国特色社会主义思想的14个坚持，并主要以经济建设、政治建设、文化建设、社会建设、生态文明建设"五位一体"总布局等要求来汇编内容。书稿虽然没有直接按上述五大主题分类，但在选择邮票时，均是从上述角度选择的。

　　三是本书尊重邮票本身的选题及发行规律。由于邮票发行多具有滞后性，一般情况下，健在的人物不出现在邮票上，所以在邮票体现的编年事件中，虽然说的事是当年当月的，但展示的邮票不一定是当年当月的，大多是滞后的；也有少数为了表现主题，把之前发行的邮票放了后来的事件中。因此在具体的邮票和历史事件关联上，我们是以通史手法来编撰的，这样更能从全面、整体的角度展示历史面貌。

　　四是在编写涉及党史、国史的重要事件及人物时，完全按照相关的最新要求表述。在具体的文字叙述方面，以《中华人民共和国大事记（1949年10月—2019年9

月）》为蓝本，进行撰写，力求简略到位。

　　需要说明的是：由于邮票内容本身的局限性，有些重大历史事件未能在邮票上体现出来；在本书的编年历史中，一般重要事件多的年度有七八件，少的有一两件，以尊重史实和邮票内容为主，不强求数量上的平衡。且有的邮票是套票发行，多的几十张一套；而少的邮票只发行单张；在页面设计上以样式美观、图片清晰可见为主，邮票所占的页面多少不反映事件本身的轻重。

　　在短时间内完成该书的编撰，主要得益于编者和相关专家的大力支持。对他们的支持和帮助，我们表示由衷的敬意和感谢。

　　本书主编刘大有先生曾参加多部集邮文献的编校工作。他邀请了中华全国集邮联合会会士、学术委员会副主任、国家级邮展评审员林轩先生任本书副主编，以及客文达、狄超英、毕晓光、何国辉、刘佳等诸位集邮图书编写者共同组稿。

　　作者团队在两个多月的时间内完成了组稿和统稿。在后期排版设计过程中，主编刘大有先生反复与我们磋商、力求完美。作者们这种严谨认真的态度令我们感动。

　　本书的审读专家是刘志新先生。他从内容体例和权威表述方面为我们提出了宝贵的修改意见，以避免历史细节的缺漏。

　　在此，特别感谢中华全国集邮联合会会长杨利民先生作序推荐。还要感谢《集邮博览》杂志社副社长李梅女士在我们组稿过程中提供的无私帮助！共同做好这本书是我们新老出版人的初心！

　　"龙吟曾未听，凤曲吹应好。"由于诸多方面的原因，出版工作可能存在一些不足，欢迎广大读者提出宝贵意见。

　　"为有牺牲多壮志，敢教日月换新天。"谨以此书献给千千万万为新中国的美好生活而牺牲、奉献、奋斗的人们！相信祖国的明天会更好！

李满意

2019 年 12 月